250 WORDSEARCH PUZZLES

Bath · New York · Cologne · Melbourne · Delhi
Hong Kong · Shenzhen · Singapore

This edition published by Parragon Books Ltd in 2016 and distributed by

Parragon Inc.
440 Park Avenue South, 13th Floor
New York, NY 10016
www.parragon.com

Copyright © Parragon Books Ltd 2016
Individual puzzles © Any Puzzle Media Ltd

All rights reserved. No part of this publication may be reproduced, stored in
a retrieval system, or transmitted, in any form or by any means, electronic,
mechanical, photocopying, recording, or otherwise, without the prior permission
of the copyright holder.

ISBN 978-1-4748-1735-6

Printed in China

B	V	T	L	E	E	H	B	T	P	S	N	L	L	L
T	O	P	N	A	T	N	O	A	R	B	W	W	A	E
B	H	K	L	K	A	O	C	C	H	A	A	L	O	A
W	H	I	B	P	B	E	L	H	D	E	P	K	H	D
K	E	E	G	A	O	O	Y	N	G	E	S	G	E	A
O	G	F	K	K	E	A	A	P	A	S	A	A	L	K
A	S	E	E	A	E	T	O	O	N	H	W	V	R	P
R	E	H	E	T	S	K	P	N	P	L	C	A	E	T
P	P	H	E	D	C	L	A	L	D	B	B	T	Y	E
E	K	W	N	W	A	H	P	H	D	K	O	S	A	L
H	L	A	L	Y	K	U	I	P	S	L	H	B	T	C
B	H	S	D	I	T	C	L	L	A	D	E	U	P	A
N	H	E	S	E	L	R	E	V	O	L	L	O	R	T
T	A	S	G	G	W	A	K	N	A	A	H	P	E	E
D	Y	A	T	S	P	D	S	K	H	D	D	E	E	W

BARK	KISS
BEG	LIE
CATCH	PAW
DOWN	PEEKABOO
FETCH	PLAY DEAD
GET UP	ROLL OVER
HANDSTAND	SHAKE
HEEL	STAY

Dinosaurs

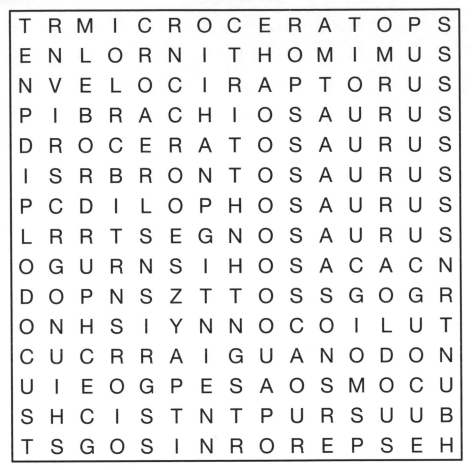

```
T R M I C R O C E R A T O P S
E N L O R N I T H O M I M U S
N V E L O C I R A P T O R U S
P I B R A C H I O S A U R U S
D R O C E R A T O S A U R U S
I S R B R O N T O S A U R U S
P C D I L O P H O S A U R U S
L R R T S E G N O S A U R U S
O G U R N S I H O S A C A C N
D O P N S Z T T O S S G O G R
O N H S I Y N N O C O I L U T
C U C R R A I G U A N O D O N
U I E O G P E S A O S M O C U
S H C I S T N T P U R S U U B
T S G O S I N R O R E P S E H
```

BRACHIOSAURUS	IGUANODON
BRONTOSAURUS	MICROCERATOPS
CERATOSAURUS	ORNITHOMIMUS
CORYTHOSAURUS	SEGNOSAURUS
DILOPHOSAURUS	SPINOSAURUS
DIPLODOCUS	STEGOSAURUS
GIGANTOSAURUS	THERIZINOSAURUS
HESPERORNIS	VELOCIRAPTOR

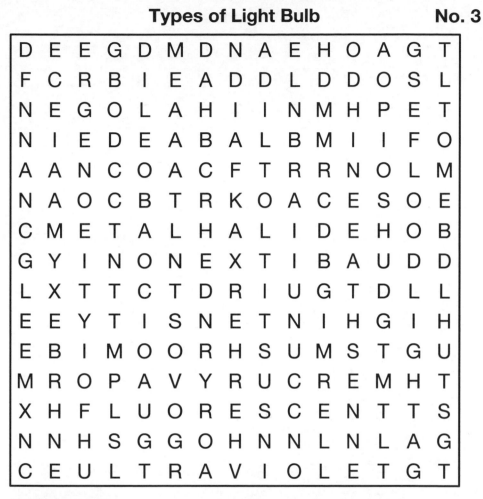

```
D E E G D M D N A E H O A G T
F C R B I E A D D L D D O S L
N E G O L A H I I N M H P E T
N I E D E A B A L B M I I F O
A A N C O A C F T R R N O L M
N A O C B T R K O A C E S O E
C M E T A L H A L I D E H O B
G Y I N O N E X T I B A U D D
L X T T C T D R I U G T D L L
E E Y T I S N E T N I H G I H
E B I M O O R H S U M S T G U
M R O P A V Y R U C R E M H T
X H F L U O R E S C E N T T S
N N H S G G O H N N L N L A G
C E U L T R A V I O L E T G T
```

BLACK LIGHT
CANDLE
FLOODLIGHT
FLUORESCENT
GLOBE
HALOGEN
HIGH INTENSITY
INCANDESCENT

LED
MERCURY VAPOR
METAL HALIDE
MUSHROOM
SPIRAL
TUBES
ULTRAVIOLET
XENON

Berries

```
Y R R E R R E C L B R E G R L
O C O W B E R R Y R B B Y B Y
N R E O H B L A C K B E R R Y
N R E Y L O G A N B E R R Y S
C R A N B E R R Y Y R E R T Y
B B E S W I N T E R B E R R Y
Y L Y R Y Y C B L R E A R A E
R R U A R L S M E E W E E S Y
R A R E U A U D R B B Y E P R
E W Y E B L L Y E E R E E B R
B S E R B E R R S L E R R E E
Y R A E R W R O L K K Y W R B
A L R E E Y O R O C C C Y R Y
B R O Y C G R R Y U Y I B Y A
Y E E R L B B E C H Y E U Y T
```

BAYBERRY	HUCKLEBERRY
BLACKBERRY	LOGANBERRY
BLUEBERRY	MULBERRY
COWBERRY	RASPBERRY
CRANBERRY	STRAWBERRY
CROWBERRY	TAYBERRY
ELDERBERRY	WHORTLEBERRY
GOOSEBERRY	WINTERBERRY

```
Q T S B B I L K W H H A S E C
O E S S L S E A A B O E T L P
B N P U E F N C E M I T O A M
O A A R B A M A E A U C R E I
S R R W D U W L L S R O B R
M O O C E A G E O L Q A U A H
N S S T L M F A E O E B N M S
I B C E I L S L I D L S I I T
B S A A W H E F E A A T G D E
A L I Q L N C H O R M I U L M
S A L K W L O A S T E C S T P
A I U K U L O M M T U K A I U
W U I A T R B P L A F P C R R
H O K K I G A I L A H O I A A
N T T S Q U I D C M S H S E M
```

CRAB STICK
EEL
HAMACHI TORO
HOKKIGAI
IKURA
MACKEREL
SALMON
SCALLOP

SEAWEED
SHRIMP
SOFTSHELL CRAB
SQUID
TEMPURA
TORO UNI
TSUBUGAI
WASABI

Woodwind Instruments

```
R O T P E O S R N S D T P E P
B P O I E N O H P O X A S H O
V K P T U B L C L A R I N E T
R A R D B A G P I P E S S I G
S R S U F O O O T O C L D P E
C E D O M B T K L U A I A P C
K D D U O M R A P O D L I O O
O R D E L O H A V G C P N N R
E O U E N C N O E S N C E O A
T C N S F P I R R R·N T I I N
U E R N I D I A O N E L I P G
L R B P T D I H N O D I I N L
F P E C O O C T A V I N E B A
L S I O O N O A B R N P B D I
B A S S O O N S C K U D U D S
```

BAGPIPES	HORNPIPE
BASSOON	KRUMMHORN
CLARINET	OBOE
COR ANGLAIS	OCTAVIN
DIDGERIDOO	PANPIPES
DUDUK	PICCOLO
DULCIAN	RECORDER
FLUTE	SAXOPHONE

```
A D O W N F O R C E C M S B F
A A N R T D O P I H A T A E C
E E E A E A R A E R N C A R A
S L E N A E S H S D K A R S M
T H T O I K T H L M A J O U B
A A L T A L A S A S I L N S E
R T I D O L G R R T A S S P R
A G T R R R K N I E G F A E C
D D T I J E H R I T D S L N N
H G E F R A E T R C C N H S F
U N R T A W C C I N A A U I E
F I T E A O E K D A A R F O A
A W K L C T D R H N R H N N A
A G L M T H G I A R T S R A E
A N C H E C K E R E D F L A G
```

AIR JACK	PEDALS
BACKMARKER	RACING LINE
CAMBER	STRAIGHT
CHECKERED FLAG	SUSPENSION
DOWNFORCE	THROTTLE
DRIFT	TIRE WALL
HEAT	UNDERSTEER
MARSHAL	WING

Units of Measurement

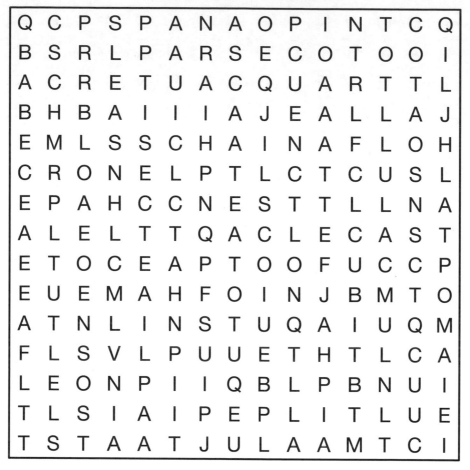

Q C P S P A N A O P I N T C Q
B S R L P A R S E C O T O O I
A C R E T U A C Q U A R T T L
B H B A I I I A J E A L L A J
E M L S S C H A I N A F L O H
C R O N E L P T L C T C U S L
E P A H C C N E S T T L L N A
A L E L T T Q A C L E C A S T
E T O C E A P T O O F U C C P
E U E M A H F O I N J B M T O
A T N L I N S T U Q A I U Q M
F L S V L P U U E T H T L C A
L E O N P I I Q B L P B N U I
T L S I A I P E P L I T L U E
T S T A A T J U L A A M T C I

ACRE	MOLE
BUSHEL	PARSEC
CHAIN	PASCAL
CUBIT	PINT
FATHOM	QUART
FOOT	SPAN
JOULE	TESLA
MILE	VOLT

```
G G O G R R N E O H G F A N G
Q A L N E C S R E K R O W G T
I D R O N E S G S W A R M N N
A T H G I L F G N I T A M Q W
S M O C N A W G T W P I O A Q
O M T O E F N G Y H L W G U V
S G T R P S T N E G S G E G R
O N Y U G D O R L N L E T N E
A I C G N L O S F E N C C I K
E T E S O M C R D C I C O G O
N F A C O O A A A T O G O N M
K A G N M M N I O A G R O I S
S R E B E C E F H R E Y A T R
O G I S E I R R G K N R R S R
M T G T A H I V E G C M G C S
```

COLONY   NECTAR
COMB   PHEROMONE
DRONE   QUEEN
EGGS   SMOKER
FRAMES   STINGING
GRAFTING   SWARM
HIVE   WAGGLE DANCE
MATING FLIGHT   WORKER

Witches

```
D A A X X I R T A L L E B E G
C L C A A N A B G U N E L L E
A C Y W G N A L Y M B E I L M
M A L B A M E D E A E N P N A
A T T G N P A L N N D H U L O
I C R E A E I L G A A A L A T
E O E L G S S I E B C U A A N
M U I A A D N S A F R U R U O
Q M A N Y N L A A A I A A R O
E E D D Y R E L O R W C W E A
L R A N I R B A S E O E E A N
E S U R S U L A X A N S H N E
A E N A W O L L I W A O E M T
A N O S I D A M Y M A R A S I
A A R L Y A L C A M A R A T S
```

AMY MADISON
BELLATRIX
ELPHABA
GINNY
GLINDA
MALEFICENT
MEDEA
MELISANDRE

MORGANA
NESSAROSE
ORWEN
QUEEN MAB
SABRINA
TARA MACLAY
URSULA
WILLOW

```
M R E S T H M T N A E C S G Y
A S L A O T C I O D N H T A S
R W T T O R A T X U E A E B D
A A A R M O R T I A D R F B T
K S K E K W L E D N R L A Y L
E W U U C S O R T E A I N C U
G I M H J K S D T G G E O H C
A L A S W W M N O A W K C A A
S L S O M A U A C P E I O V F
M P A L A H N O S N N M L E I
D O T R N K O C E O F B E S L
O W O A N C Z R N M E A T R I
E E Y C M A H A A I S L T I P
E R L I E J W M F S O L I E P
T S E K A J S E M A J T N E I
```

CARLOS HUERTAS
CARLOS MUNOZ
CHARLIE KIMBALL
GABBY CHAVES
JACK HAWKSWORTH
JAMES JAKES
JOSEF NEWGARDEN
LUCA FILIPPI

MARCO ANDRETTI
RYAN HUNTER-REAY
SAGE KARAM
SCOTT DIXON
SIMON PAGENAUD
STEFANO COLETTI
TAKUMA SATO
WILL POWER

Celebrating

```
W  V  G  A  D  R  D  S  I  N  B  E  A  E  F
A  B  A  O  Y  A  D  H  T  R  I  B  O  M  A
C  Y  C  A  C  A  I  N  W  R  S  D  R  D  N
Y  C  T  O  N  Y  W  N  N  A  R  N  T  I  C
E  T  N  R  C  N  W  A  I  T  L  P  T  N  Y
A  B  R  E  A  K  I  N  G  G  R  O  U  N  D
H  L  N  A  L  P  T  V  R  N  G  O  P  E  R
A  Y  B  L  P  S  E  A  E  N  I  C  G  R  E
L  G  G  A  D  E  D  Y  I  R  A  O  V  P  S
L  D  N  A  R  U  C  D  B  L  S  T  G  A  S
O  N  Y  I  A  B  D  I  Y  D  P  A  P  R  P
W  T  A  T  N  E  E  U  F  A  O  A  R  T  A
E  T  I  G  W  E  U  C  S  F  U  O  R  Y  R
E  O  P  S  G  S  P  R  U  N  O  N  G  T  T
N  I  W  W  E  L  C  O  M  E  P  A  R  T  Y
```

ANNIVERSARY
BARBECUE
BIRTHDAY
BREAKING GROUND
COCKTAIL PARTY
DINNER PARTY
FANCY-DRESS PARTY
GOING AWAY

GOODBYE PARTY
GRADUATION
HALLOWEEN
OFFICE PARTY
OPENING
SAINT'S DAY
WEDDING
WELCOME PARTY

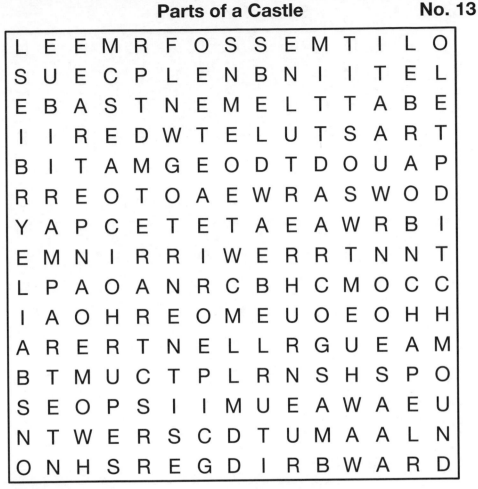

```
L E E M R F O S S E M T I L O
S U E C P L E N B N I I T E L
E B A S T N E M E L T T A B E
I I R E D W T E L U T S A R T
B I T A M G E O D T D O U A P
R R E O T O A E W R A S W O D
Y A P C E T E T A E A W R B I
E M N I R R I W E R R T N N T
L P A O A N R C B H C M O C C
I A O H R E O M E U O E O H H
A R E R T N E L L R G U E A M
B T M U C T P L R N S H S P O
S E O P S I I M U E A W A E U
N T W E R S C D T U M A A L N
O N H S R E G D I R B W A R D
```

BAILEY
BATTLEMENTS
BRATTICE
CHAPEL
DITCH
DRAWBRIDGE
DUNGEON
EMBRASURE

FOSSE
GATEHOUSE
MERLON
MOUND
OUTER WARD
PORTCULLIS
RAMPART
TOWER

Seas of the Moon

P	I	E	D	R	N	E	C	T	A	R	V	R	A	N
N	V	M	M	S	E	I	H	V	R	I	O	S	H	M
T	R	A	N	Q	U	I	L	I	T	Y	I	E	G	Y
A	O	N	R	E	T	S	A	E	W	E	S	N	Y	S
U	D	E	S	Y	S	M	Y	T	H	S	I	E	A	H
S	I	C	D	F	P	N	S	L	W	M	R	Y	E	O
E	C	R	C	G	W	S	T	E	A	Y	I	V	E	W
I	S	I	M	O	E	S	Y	O	T	T	N	O	I	E
Y	T	S	O	F	E	T	F	I	R	A	G	C	I	R
R	A	E	W	R	I	V	D	H	V	C	H	S	L	S
I	S	S	P	N	A	N	P	W	L	I	L	U	Y	E
G	E	E	E	P	U	C	S	O	A	A	V	M	R	S
S	N	R	O	C	E	E	U	S	N	V	R	E	U	R
T	E	R	E	D	M	D	E	D	M	C	E	U	T	L
S	S	F	I	A	S	A	S	E	R	T	Y	S	G	S

CLOUDS
CRISES
EASTERN
EDGE
FECUNDITY
FOAMING
ISLANDS
MUSCOVY

NECTAR
SERENITY
SERPENT
SHOWERS
SMYTH'S
TRANQUILITY
VAPORS
WAVES

```
U K G C E E T Y D U P C A M C
R U M T H K N I U J O I U I Y
G K U H A E G A D A N S N U U
N R T U A M E N A N A A T T E
C U S G N I O T R M U M J U A
C K G N I U H G A A P P B A A
H L H P M G U J U H A I A N O
U U A A H A A U D L K E N R A
T P P K S P R K M L N G D E U
N G N S A E U T O L D M A G G
E U C E P L R O N A N P N G K
Y R A E U G T M M A U G N U C
J U C H C N U P A K M M A J G
T B H A A U L G K T K H R A H
N S A U H J A A Y K A R M A L
```

BANDANNA	MANTRA
CHEETAH	MOGUL
CHUTNEY	PAJAMAS
GURU	PASHMINA
JUGGERNAUT	PUKKA
JUNGLE	PUNCH
KARMA	PUNDIT
LOOT	THUG

Full of Energy

```
T D N T R T E S I E T S R G R
E G R G P S T E A M I G A R P
A N Y I E T P Y N T W N O T N
P L D I V T E A E E E I S U A
P I S U P E U N C O T E R O O
E V V R R R I P E T A L N K R
T E I T O A M T A U I P T R D
I L T Y I G N G I N L V M O T
T Y A T G T I C Y W D T I W G
E M L M P R Y V E M S G E T T
E V I R O A E O V T A R O E Y
L V T G K E N N P O W E R Y E
E E Y G N E E X E R T I O N G
E N T H U S I A S M H P I L Y
K N H T G N E R T S O P T M Y
```

ACTIVITY
APPETITE
DRIVE
ENDURANCE
ENERGY
ENTHUSIASM
EXERTION
GET-UP-AND-GO

GYM
LIVELY
POWER
STEAM
STRENGTH
VIGOR
VITALITY
WORKOUT

```
S  S  L  T  N  E  A  T  S  U  C  W  F  F  T
R  T  G  P  E  L  P  M  I  S  E  O  P  R  P
S  R  U  H  U  B  L  U  N  T  R  G  U  L  L
T  A  I  I  E  G  T  A  L  T  L  N  N  U  E
S  I  L  K  T  A  T  O  H  P  E  E  F  R  H
H  G  E  R  N  E  R  R  C  Q  P  H  E  O  H
T  H  L  R  T  A  I  T  U  O  T  U  N  N  E
K  T  E  H  N  G  R  I  T  U  O  E  N  I  R
O  F  S  L  H  E  V  F  R  O  S  L  N  A  E
A  O  S  T  C  O  P  T  L  T  H  A  W  L  C
U  R  R  L  C  E  G  L  P  O  L  E  T  P  N
R  W  E  A  E  T  A  E  E  R  U  N  A  L  I
T  A  L  L  I  B  E  R  A  L  A  L  B  R  S
R  R  T  R  S  U  O  U  N  E  G  N  I  I  T
R  D  R  T  L  F  I  W  E  O  R  R  I  P  N
```

BLUNT
CLEAR
FORTHRIGHT
FRANK
GUILELESS
HEART-TO-HEART
HONEST
INGENUOUS

LIBERAL
OPEN
PLAIN
SIMPLE
SINCERE
STRAIGHTFORWARD
TRUTHFUL
UNEQUIVOCAL

Mounted on the Wall

```
R G R W K C T I I T P S N I D
T L T O W A L L P A P E R N I
W E O D R H R T S I R A I O S
P H S N R R M W C R R L T G G
R V E I O W I E W T B E H N L
T H S W O P P M W T L C T I T
P I I O D L V O E E T T W T H
P T G H A L R K V I R K R N P
S N N S R K C I W E P K C I E
W O T O I O S S T R O B O A N
L E R A S I T S T R K S V P I
R W R G O H O V O A N A I S A
C P U N G P L I I S O I N A W
W L K I P W W N C S H N G U K
P V L S W T L W I S K E T C H
```

ARTWORK	PLASTER
BLIND	PLUG SOCKET
COVING	POSTER
DOOR	SIGN
HOOK	SKETCH
LIGHT SWITCH	TELEVISION
MIRROR	WALLPAPER
PAINTING	WINDOW

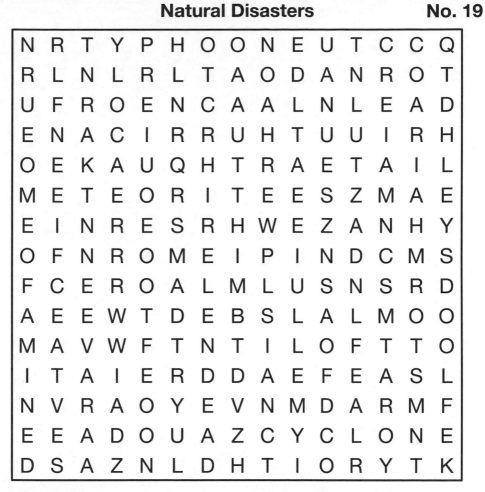

```
N R T Y P H O O N E U T C C Q
R L N L R L T A O D A N R O T
U F R O E N C A A L N L E A D
E N A C I R R U H T U U I R H
O E K A U Q H T R A E T A I L
M E T E O R I T E E S Z M A E
E I N R E S R H W E Z A N H Y
O F N R O M E I P I N D C M S
F C E R O A L M L U S N S R D
A E E W T D E B S L A L M O O
M A V W F T N T I L O F T T O
I T A I E R D D A E F E A S L
N V R A O Y E V N M D A R M F
E E A D O U A Z C Y C L O N E
D S A Z N L D H T I O R Y T K
```

AVALANCHE	LANDSLIDE
BLIZZARD	METEORITE
CYCLONE	STORM
EARTHQUAKE	TEMPEST
FAMINE	TORNADO
FLOOD	TSUNAMI
HEATWAVE	TYPHOON
HURRICANE	WILDFIRE

Cooking Utensils

```
S  C  S  R  O  S  P  T  P  U  C  E  E  T  G
P  O  N  R  P  B  L  L  E  O  I  F  O  P  S
T  P  P  P  E  K  L  E  C  L  I  I  M  V  S
W  L  C  K  C  H  K  W  P  N  L  F  U  N  E
O  O  P  A  O  G  C  O  K  W  E  I  G  F  R
E  E  K  B  L  O  W  T  O  R  C  H  K  S  P
O  O  P  E  E  O  P  O  I  P  R  W  P  S  C
A  U  B  S  L  W  L  K  N  P  R  O  E  A  I
E  I  O  E  F  F  B  A  P  P  O  H  A  S  L
T  R  W  P  V  S  P  E  G  N  M  M  W  E  R
A  R  L  P  V  E  E  E  N  L  N  E  E  K  A
L  S  A  C  C  L  I  G  N  S  O  T  I  A  G
P  O  R  U  E  S  G  S  A  R  S  P  A  C  S
E  K  A  R  N  R  F  P  E  K  R  O  F  T  P
F  S  I  L  M  R  K  T  S  R  E  H  S  A  M
```

BLOWTORCH	PEELER
BOWL	PITCHER
CUP	PLATE
FORK	SAUCEPAN
GARLIC PRESS	SIEVE
KNIFE	SKILLET
MASHER	SPOON
MUG	WOK

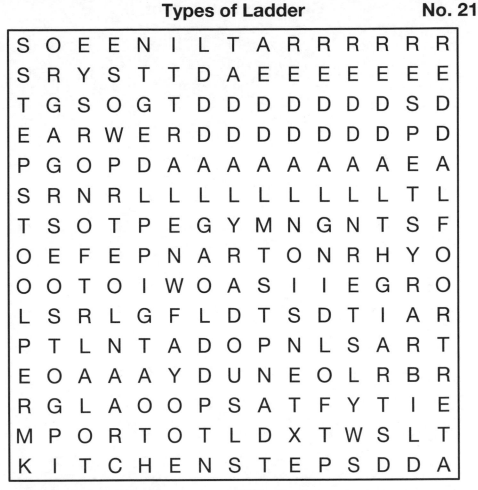

```
S O E E N I L T A R R R R R R
S R Y S T T D A E E E E E E E
T G S O G T D D D D D D D S D
E A R W E R D D D D D D D P D
P G O P D A A A A A A A E A
S R N R L L L L L L L L T L
T S O T P E G Y M N G N T S F
O E F E P N A R T O N R H Y O
O O T O I W O A S I I E G R O
L S R L G F L D T S D T I A R
P T L N T A D O P N L S A R T
E O A A A Y D U N E O L R B R
R G L A O O P S A T F Y T I E
M P O R T O T L D X T W S L T
K I T C H E N S T E P S D D A
```

EXTENSION LADDER   RATLINE
FOLDING LADDER   ROLLING LADDER
GANGWAY LADDER   ROOF LADDER
HOP UP   ROPE LADDER
KITCHEN STEPS   STEPLADDER
LIBRARY STEPS   STEPSTOOL
LOFT LADDER   STERN LADDER
PLATFORM LADDER   STRAIGHT LADDER

```
A N S T E T I N T D A I C R D
U S U X C E U Y E A R S M E U
R D A S L H A S U R E C H N S
E W E A P R C R E I N O P E T
G C E A P A E R T I A U K H E
N A T S L N L U T U E R R S R
U B N E S B A A R U L E R E R
L R R H B P E P S S C R S R H
P A K D C R O L T R M R N F S
U S E V A A U N E S U F L R S
R I M P R P E S G D U E I I B
U V N T A G A L H E C D Q A U
U E F R S O A L B E A E U Y K
S N E R R D S R E E V I I I S
R E H T E K C U B T G D D R U
```

ABRASIVE
AIR FRESHENER
BLEACH
BRUSH
BUCKET
DESCALER
DUSTER
DUSTPAN

LIQUID
PLUNGER
SCOURER
SOAP
SPONGE
SPRAY
VACUUM CLEANER
WAX

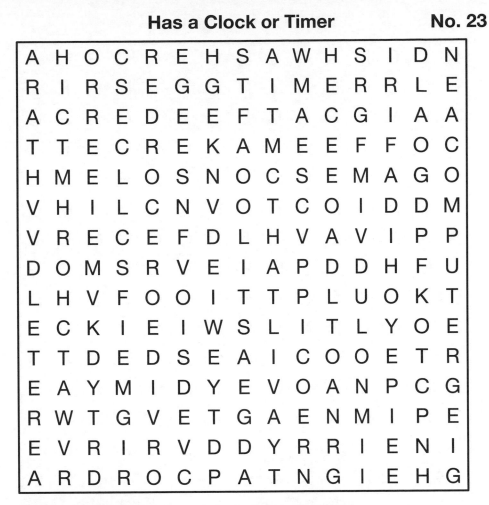

```
A H O C R E H S A W H S I D N
R I R S E G G T I M E R R L E
A C R E D E E F T A C G I A A
T T E C R E K A M E E F F O C
H M E L O S N O C S E M A G O
V H I L C N V O T C O I D D M
V R E C E F D L H V A V I P P
D O M S R V E I A P D D H F U
L H V F O O I T T P L U O K T
E C K I E I W S L I T L Y O E
T T D E D S E A I C O O E T R
E A Y M I D Y E V O A N P C G
R W T G V E T G A E N M I P E
E V R I R V D D Y R R I E N I
A R D R O C P A T N G I E H G
```

AIR CONDITIONING	EGG TIMER
CAR	GAMES CONSOLE
CAT FEEDER	LAPTOP
CELL PHONE	MICROWAVE
COFFEEMAKER	RADIO
COMPUTER	TELEVISION
DISHWASHER	VIDEO RECORDER
DVD PLAYER	WATCH

```
R L C M A C L N C I O C R N A
N O O M E H T N O N A M W E L
E R M E P E C E O L E O S R O
R A I L R A I L L C H E D E O
O C R E T O K I A S H P N B P
A S A R H I D F N T E I I M D
A A A C C A R A R C O P M U A
I M S K C E M E A H A P R D E
O T A K B U D N F L O F E D D
G S N B R N P S U T M B T N E
S I U T U I B U O A M M S A H
P R E V E R O F N A M T A B T
T H E M A S K E E A D N M M E
T C N T T H E C A B L E G U Y
E A T H E M A J E S T I C D C
```

A CHRISTMAS CAROL
BATMAN FOREVER
DUMB AND DUMBER
KICK-ASS
LIAR LIAR
MAN ON THE MOON
MASTERMINDS
PECAN PIE

PINK CADILLAC
RUBBERFACE
THE CABLE GUY
THE DEAD POOL
THE MAJESTIC
THE MASK
THE TRUMAN SHOW
UNDER THE SEA

```
A K C U R T P M U D L U N E T
E D L Z V N O I S R E V I D S
R E I A C H E L M E T L O L T
T S N E N A G R E R O B A L H
I N R G N E B D I M C S O I G
T L E F I A C B R O O D P I I
U A A M R N N L N M A E L V L
N I R R E P E T O T O L I S C
R Y I M Y V R E K S S A H I I
O E T A A O O V R I U Y S L F
R A H E L C E R R B N R I E F
T C L Z F I V B P O V O E C A
L R O M T A E D E M D A E U R
E N O C E D S L I I I N N F T
E T E G A K C O L B T I M E V
```

BARRIER	ENGINEER
BLOCKAGE	HELMET
CONE	IMPROVEMENT
CONTROL ZONE	LABORER
DEBRIS	LANE CLOSURE
DELAY	SAFETY
DIVERSION	TARMAC
DUMP TRUCK	TRAFFIC LIGHTS

Varieties of Cephalopod

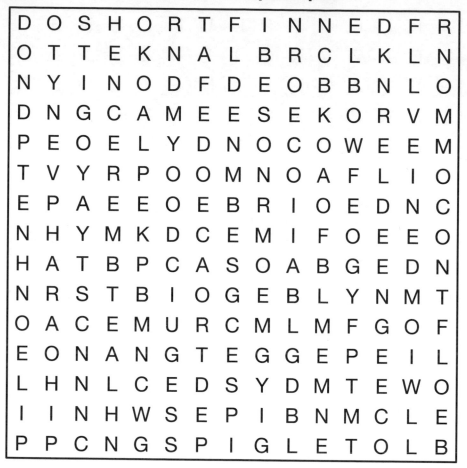

```
D O S H O R T F I N N E D F R
O T T E K N A L B R C L K L N
N Y I N O D F D E O B B N L O
D N G C A M E E S E K O R V M
P E O E L Y D N O C O W E E M
T V Y R P O O M N O A F L I O
E P A E E O E B R I O E D N C
N H Y M K D C E M I F O E E O
H A T B P C A S O A B G E D N
N R S T B I O G E B L Y N M T
O A C E M U R C M L M F G O F
E O N A N G T E G G E P E I L
L H N L C E D S Y D M T E W O
I I N H W S E P I B N M C L E
P P C N G S P I G L E T O L B
```

BLANKET	PIGLET
COCK-EYED	PYGMY
COMMON	RED
ELBOW	SHORT-FINNED
FLAMBOYANT	STUBBY
LONG-FINNED	TELESCOPE
NEEDLE	VAMPIRE
PHARAOH	VEINED

```
D L M L E L A E K C T P P E M
L L D E E S S O H I K E D H P
P K L D K L L C P L H L A A A
O K O A R L A E A E I C D L H
I L S N D R L A E A T R R T I
A E O E D A R K R P E S P U L
O E I M R P K T L A W A A A L
I L L O A A E L E A L A B S L
E T S R P O A B A P T A L O T
E C T P C W R L B W T S K K T
L B R R C T P B W S R A W E N
D E O H S T O D D L E E A H W
D K L L H D E L B B O H W A P
A R L S E A U L C R A W L O S
W B L A E T S W R A E R L L P
```

CRAWL	SLEEPWALK
HIKE	STALK
HOBBLE	STEAL
LURCH	STEP
PAD	STROLL
POWER-WALK	TODDLE
PROMENADE	TRAIL
ROAM	WADDLE

Computer Terms

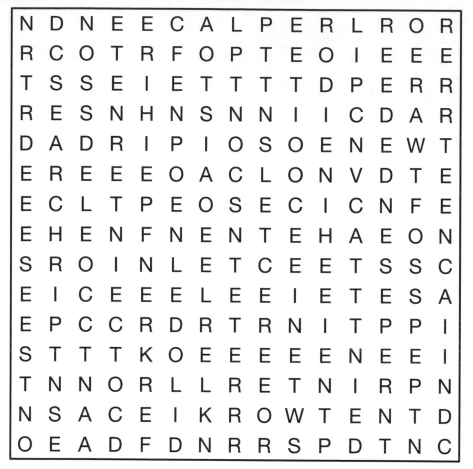

```
N D N E E C A L P E R L R O R
R C O T R F O P T E O I E E E
T S S E I E T T T D P E R R
R E S N H N S N N I I C D A R
D A D R I P I O S O E N E W T
E R E E E O A C L O N V D T E
E C L T P E O S E C I C N F E
E H E N F N E N T E H A E O N
S R O I N L E T C E E T S S C
E I C E E E L E E I E T E S A
E P C C R D R T R N I T P P I
S T T T K O E E E E N E E I
T N N O R L L R E T N I R P N
N S A C E I K R O W T E N T D
O E A D F D N R R S P D T N C
```

CLOSE	POINTER
DELETE	PRINTER
DISCONNECT	RECEIVE
FILE	REPLACE
FIND	SEARCH
INTERNET	SELECT
NETWORK	SEND
PASTE	SOFTWARE

```
W  I  O  N  I  R  N  A  A  I  H  C  O  F  F
A  I  P  T  A  I  E  B  D  S  D  Y  A  S  T
E  Y  A  W  E  E  R  F  R  O  B  R  A  H  A
G  N  C  G  Y  P  K  I  N  T  U  N  E  E  R
O  A  I  S  E  T  R  A  A  O  P  G  E  P  H
S  N  F  V  P  O  E  A  L  E  T  N  L  Y  A
C  R  I  I  D  N  R  N  D  C  U  P  D  A  S
S  N  C  W  I  O  I  R  O  S  W  C  M  W  S
O  O  A  U  N  I  O  N  S  T  A  T  I  O  N
N  L  V  O  I  C  A  W  A  H  S  N  E  R  C
S  E  E  I  O  T  R  R  Y  O  S  E  I  E  R
I  R  N  M  A  R  A  V  I  L  L  A  R  S  S
R  O  U  G  P  P  T  P  A  M  L  F  O  I  A
I  M  E  W  A  S  H  I  N  G  T  O  N  N  F
R  I  N  R  E  N  W  O  T  A  N  I  H  C  E
```

ARTESIA	LAKE
CHINATOWN	MARAVILLA
COMPTON	PACIFIC AVENUE
CRENSHAW	PICO
DOUGLAS	SAN PEDRO
FIRESTONE	SOTO
HARBOR FREEWAY	UNION STATION
HOLLYWOOD VINE	WASHINGTON

Moons of Jupiter

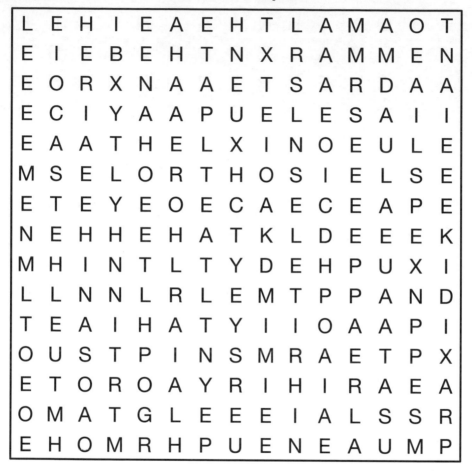

```
L E H I E A E H T L A M A O T
E I E B E H T N X R A M M E N
E O R X N A A E T S A R D A A
E C I Y A A P U E L E S A I I
E A A T H E L X I N O E U L E
M S E L O R T H O S I E L S E
E T E Y E O E C A E C E A P E
N E H H E H A T K L D E E E K
M H I N T L T Y D E H P U X I
L L N N L R L E M T P P A N D
T E A I H A T Y I I O A A P I
O U S T P I N S M R A E T P X
E T O R O A Y R I H I R A E A
O M A T G L E E E I A L S S R
E H O M R H P U E N E A U M P
```

ADRASTEA
AMALTHEA
CALLISTO
ELARA
EUANTHE
EUPORIE
GANYMEDE
HARPALYKE

HERMIPPE
IOCASTE
LYSITHEA
MNEME
ORTHOSIE
PRAXIDIKE
THEBE
THELXINOE

```
O S K R M U G D F O L P K I S
K Y S D Q Y G Y Z Y O M W Y N
M H B T L K L F N T W H Y Q K
W E H F Q Y V X Z J S E B H J
S V W E H H J V I F K S X S K
K H L S N M B P B I Y G P Y I
H T P B S D O F E K E R L I G
X H T M L U J G H Q H Y T G G
W D S W Y V D N O S R O I Y Z
V T R L L N X G T W Y P S M B
S I J Y Y J E E H L H N G S H
G O S Y F C Y Q Z F X K T T F
E B L C E O T H Y E M E Q H J
Y A T O C K L I A A M G E J O
S A M V X J S O H S Y N C H D
```

FLY	SPY
FYRD	SYNC
GYMS	SYNTH
LYNX	THY
NYMPHS	TRY
PSST	WHY
SHYLY	WRYLY
SLYLY	WYN

In the Big Top

```
I  A  E  T  K  I  M  G  E  S  N  A  T  R  A
R  E  M  Z  T  E  A  R  T  I  U  T  E  R  R
R  A  T  J  E  A  S  M  T  D  S  W  T  E  O
P  I  O  U  U  P  N  C  I  A  T  P  R  W  S
N  M  N  G  A  O  A  E  G  P  L  L  A  O  D
I  A  P  G  I  E  N  R  H  A  U  F  M  L  L
E  G  N  L  M  C  L  E  T  L  A  G  P  L  A
F  I  R  E  E  A  T  E  R  M  S  S  O  A  T
G  C  I  R  E  L  S  C  O  I  R  I  L  W  D
I  I  W  S  T  P  E  T  P  T  E  A  I  S  W
R  A  L  I  I  C  E  P  E  A  M  C  N  D  R
O  N  K  N  I  F  E  T  H  R  O  W  E  R  S
K  N  N  P  R  I  A  Z  R  A  S  I  E  O  T
A  E  O  N  O  A  C  L  O  W  N  C  H  W  T
R  M  E  T  N  E  E  T  P  S  E  T  S  S  P
```

AUDIENCE	PLATE SPINNER
CLOWN	RINGMASTER
ELEPHANT	SEAL
FIRE-EATER	SOMERSAULTS
JUGGLER	SWORD SWALLOWER
KNIFE THROWER	TIGHTROPE
LION	TRAMPOLINE
MAGICIAN	TRAPEZE

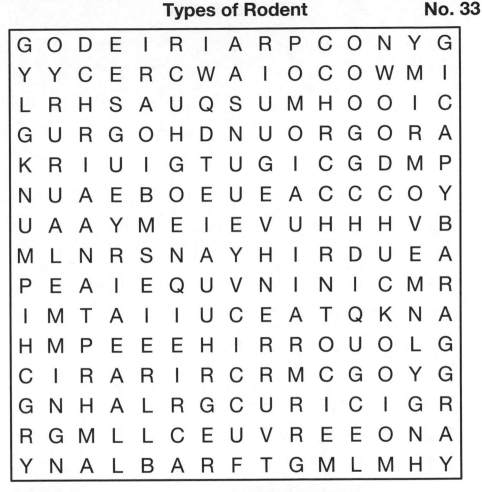

```
G O D E I R I A R P C O N Y G
Y Y C E R C W A I O C O W M I
L R H S A U Q S U M H O O I C
G U R G O H D N U O R G O R A
K R I U I G T U G I C G D M P
N U A E B O E U E A C C C O Y
U A A Y M E I E V U H H H V B
M L N R S N A Y H I R D U E A
P E A I E Q U V N I N I C M R
I M T A I I U C E A T Q K N A
H M P E E E H I R R O U O L G
C I R A R I R C R M C G O Y G
G N H A L R G C U R I C I G R
R G M L L C E U V R E E O N A
Y N A L B A R F T G M L M H Y
```

AGOUTI
BEAVER
CAPYBARA
CAVY
CHINCHILLA
CHIPMUNK
CONY
FERRET

GRAY SQUIRREL
GROUNDHOG
GUINEA PIG
LEMMING
MARMOT
MUSQUASH
PRAIRIE DOG
WOODCHUCK

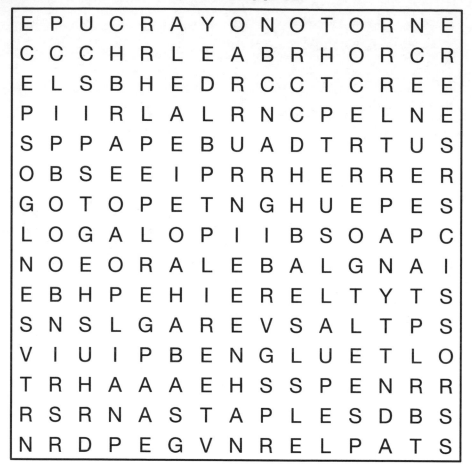

```
E P U C R A Y O N O T O R N E
C C C H R L E A B R H O R C R
E L S B H E D R C C T C R E E
P I I R L A L R N C P E L N E
S P P A P E B U A D T R T U S
O B S E E I P R R H E R R E R
G O T O P E T N G H U E P E S
L O G A L O P I I B S O A P C
N O E O R A L E B A L G N A I
E B H P E H I E R E L T Y T S
S N S L G A R E V S A L T P S
V I U I P B E N G L U E T L O
T R H A A A E H S S P E N R R
R S R N A S T A P L E S D B S
N R D P E G V N R E L P A T S
```

CLIP	PEN
CRAYON	PROTRACTOR
ENVELOPE	RUBBER BAND
ERASER	RULER
GLUE	SCISSORS
HIGHLIGHTER	STAPLER
HOLE PUNCH	STAPLES
NOTEPAD	TAPE

```
G L L A U N G R A R K M O T R
A A A O M R O R B E G F I A E
Y E A R O N A I O N O G I I T
E E E N B U R U L G E A A G S
T E K O T A N D G R O E R R M
A U P N B E E F F A R I G E A
M A R B O I A G I L J G G O H
B M I T N M G T R N G A N L K
E T T N L E B U E G E G T T E
E L R E E K A A R T G S T I
S T A P B W G I U N G M I H T
U W I A L A T A R E A L I E L
O L L I D A M R A E A E A N T
M M A G A N A I A O I A A R F
E U M I A G T A I E G O R F O
```

ANTEATER	LION
APE	MONKEY
ARMADILLO	MOUSE
FROG	NEWT
GIRAFFE	RABBIT
HAMSTER	RAT
IGUANA	TIGER
JAGUAR	TURTLE

```
A O I N E U I U Z W M O H E E
K R A H G K A C T I U A L T K
O C C A Y G P A G N I L U P U
L O O P R A A L A D O E L T I
A N Z N U O L U A A L M N G O
K H V A N N A S A I K I E O S
N A N V Y A U A U I I A D R C
C A E A I P H Q E D L D E D F
C H T O Y M F A J O K I A M O
A U E C A A D E P I I E D O R
K Z W R H W E I T P L N O L E
A E U U O E O K E N A O S U L
Y E R A F K Z U A M H R E O E
E A K N L E E Y Y N Z M J M S
E N A V A J O E A J N P A A K
```

ALIKLIK	NATCHEZ
CALUSA	NAVAJO
CHEROKEE	ONEIDA
DEADOSE	QUILEUTE
EYAK	RAPPAHANNOCK
FREMONT	WAMPANOAG
HAIDA	YAZOO
HUALAPAI	YUKI

```
P A A U P E T E E V I I O N B
E A V N M G E L T O E N C N A
U V I V A P N E E R I D K T L
N E R E R A N C V I E I L V T
E R G N V C E T U E G A A E I
V M I T I I S R H N N N W L C
A O N N N F S I Y T I A D S A
K N I O G I E C I A K A R H V
R T A R A C E C I L R V A O E
O A A A R A A O C A A E O R N
Y V V V D V V M H V P N B T U
W E E E E E E P A E E U S L E
E N N N N N A N N E E T I D
N U U U S U U N C U R A N N B
E E E E E E E Y E E F N V E D
```

ATLANTIC AVENUE	NEW YORK AVENUE
BALTIC AVENUE	ORIENTAL AVENUE
BOARDWALK	PACIFIC AVENUE
CHANCE	SHORT LINE
ELECTRIC COMPANY	TENNESSEE AVENUE
FREE PARKING	VENTNOR AVENUE
INDIANA AVENUE	VERMONT AVENUE
MARVIN GARDENS	VIRGINIA AVENUE

Chinese Dishes

```
A N C B B E A I S D P P A G R
T O A P G N U K N A U E G P B
K O T F H B L A C K B E A N A
G D P T O O P U D H Y C G K R
N L R T E D U Y O R A I U K B
N E E E O U O I U P O R L I C
U S C U U H S T E P F D S N Y
O O F P C I N K R G I E U I U
C U Y K N E I A B T A I E E U
P P O U C N F B U E P R O M E
L B Y P G S K B K H R F L W I
H M U D S U R E K A C N O O M
K B U D D H A S D E L I G H T
P C D F W U H D R G G N S C I
K P I P U O S N A E B D E R O
```

BLACK BEAN
BOK CHOY
BUDDHA'S DELIGHT
CENTURY EGG
CHAR SIU
CHOW MEIN
DOUFU
FRIED RICE

HOISIN
KUNG PAO
MOONCAKE
NOODLE SOUP
PEKING DUCK
RED BEAN SOUP
SHARK FIN SOUP
SICHUAN HOTPOT

```
I  E  T  A  R  Q  R  R  G  D  U  G  A  D  O
L  L  L  O  O  I  N  O  I  T  I  D  D  A  O
A  D  V  G  I  G  E  O  M  E  T  R  Y  E  N
P  E  N  V  N  T  T  A  V  E  R  A  G  E  R
E  C  O  D  O  A  U  H  C  E  Q  O  B  I  R
H  I  B  R  A  C  K  E  T  E  A  T  T  U  T
P  M  H  T  I  R  A  G  O  L  N  E  N  N  A
A  A  N  E  R  D  K  P  M  E  T  P  E  I  T
R  L  L  C  N  V  E  F  I  R  R  N  V  T  N
G  T  P  U  R  T  O  T  I  P  O  A  L  T  M
O  L  O  G  P  O  O  R  P  P  R  V  P  U  T
P  B  T  R  G  U  B  R  X  R  O  I  N  L  A
Y  L  L  L  Q  T  D  E  T  N  O  E  M  E  D
I  E  A  F  O  R  M  U  L  A  V  O  U  E  M
E  M  N  O  I  T  A  U  Q  E  G  G  F  R  U
```

ADDITION	EXPONENT
ANGLE	FORMULA
AVERAGE	GEOMETRY
BOUND	GRAPH
BRACKET	LOGARITHM
DECIMAL	PRIME
EQUATION	PROOF
EVEN	QUOTIENT

Martial Arts

```
I  B  T  R  C  K  A  J  U  K  E  N  B  O  B
S  O  T  G  N  I  N  J  U  T  S  U  T  K  A
C  K  A  U  K  A  I  A  E  A  B  B  T  U  O
U  A  E  G  N  I  X  O  B  K  C  I  K  G  K
K  T  K  K  O  T  N  U  S  T  I  J  U  J  U
Y  O  W  O  D  M  U  K  A  A  C  R  E  T  G
U  R  O  J  I  O  L  N  K  A  I  N  A  O  G
J  U  N  K  K  D  G  U  P  R  S  I  W  N  A
U  U  D  W  A  S  J  O  N  U  C  K  I  T  K
T  S  O  J  O  O  E  M  U  H  O  L  W  A  U
S  E  T  O  B  I  T  I  I  O  T  C  R  B  O
U  W  D  B  R  A  A  R  T  S  M  A  E  U  I
J  O  S  A  T  O  O  U  E  T  T  U  S  O  D
U  O  I  N  B  N  J  R  K  E  C  I  S  N  D
I  K  A  O  K  O  W  U  B  U  T  T  H  A  N
```

BOJUKA
BOKATOR
BUTTHAN
CAPOEIRA
JUJITSU
KAJUKENBO
KARATE
KICK-BOXING

KUMDO
KYUJUTSU
NINJUTSU
SUMO
TAE KWON DO
T'AI CHI
TANG SOO DO
WRESTLING

```
U  C  G  G  A  T  A  F  I  G  I  F  D  N  S
S  P  A  A  I  A  L  A  A  A  E  N  I  A  T
B  R  Z  A  R  P  A  N  L  C  G  A  G  A  C
P  N  P  I  G  A  G  S  N  A  U  R  P  I  A
R  S  A  H  N  S  N  A  E  A  A  A  O  H  S
E  L  C  E  A  S  D  B  I  D  E  G  C  U  D
A  G  H  O  S  Y  W  I  A  L  F  G  N  H  L
A  N  O  A  S  I  R  F  L  U  A  B  E  A  L
S  A  C  P  N  C  A  A  A  L  A  J  M  G  N
S  G  Y  E  S  M  O  I  T  T  A  C  A  P  L
O  G  A  H  I  A  D  R  H  I  L  S  L  T  R
C  A  R  L  N  U  A  I  K  P  U  N  F  A  S
C  G  I  A  A  A  N  O  A  S  G  G  T  A  S
E  A  N  G  R  A  G  J  A  M  O  N  M
R  A  B  U  L  L  F  I  G  H  T  I  N  G  T
```

BULLFIGHTING	JAMON
CORK	PAELLA
FANS	SAGRADA FAMILIA
FLAMENCO	SANGRIA
GAUDI	SOCCER
GAZPACHO	SUNBATHING
GUITAR	TAPAS
GYPSY DANCE	WINE

Famous Ships

```
T A D G H A N N A V A S Y D R
C B A R E E C N A R U D N E E
Q U E E N E L I Z A B E T H T
O S T A E B S B I T T Y M O Y
K Y G T L U K R I S R K N I A
G R C E C Y A R E C D T N C I
S R A A M M P L A A N N E N R
T Y R S A B E O Y S I I E A O
C Y V T Y C E R M I H R V Y T
S K N E Y T O E R R N A E N C
Y A L R N T T I E H E S O N I
S L A N C E I U R R D H F N V
U M B I S M A R C K L A T U A
N T V E K M A Y F L O W E R G
S Y Y C E C N T H Z G R C C Y
```

BISMARCK
CUTTY SARK
ENDURANCE
GOLDEN HIND
GREAT EASTERN
INVINCIBLE
MARY CELESTE
MAYFLOWER

NOAH'S ARK
QUEEN ELIZABETH
SANTA MARIA
SAVANNAH
SYRACUSIA
THERMOPYLAE
VICTORIA
VICTORY

```
L E G A T S T S A L D P P D A
E P I C D I S D E P E F U C C
D D L D E E U E A C T I D O H
R E A L E A R L L O C N E E I
E E I E C H S O E H E I P E E
N X E T D O S E C P F S P H V
S E H L P E M I D S R H A T E
S D D A D M D P L E E E R N D
U U D D U C E D L P P D W C C
C N O E E S R D O E M D S M D
C W E E D A T F I L T O N T T
N T M A I N P E C D D E C E D
D E D N U E E P D P H W D C T
F O E L C O N C L U D E D R A
I D O E S M W A S T O P P E D
```

ACCOMPLISHED	ENDED
ACHIEVED	EXHAUSTED
CEASED	FINISHED
CLOSED DOWN	LAST STAGE
COMPLETED	PERFECTED
CONCLUDED	SCORED
DRAINED	STOPPED
EMPTIED	WRAPPED UP

Pottery Manufacturers

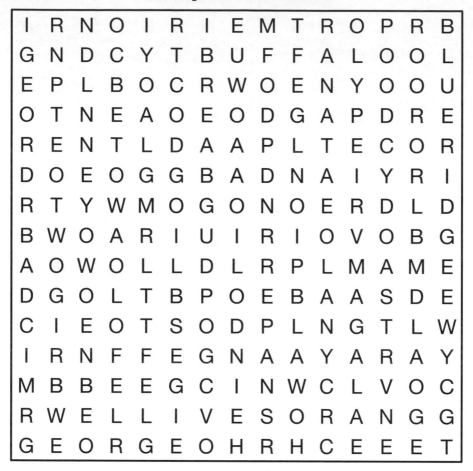

```
I R N O I R I E M T R O P R B
G N D C Y T B U F F A L O O L
E P L B O C R W O E N Y O O U
O T N E A O E O D G A P D R E
R E N T L D A A P L T E C O R
D O E O G G B A D N A I Y R I
R T Y W M O G O N O E R D L D
B W O A R I U I R I O V O B G
A O W O L L D L R P L M A M E
D G O L T B P O E B A A S D E
C I E O T S O D P L N G T L W
I R N F F E G N A A Y A R A Y
M B B E E G C I N W C L V O C
R W E L L I V E S O R A N G G
G E O R G E O H R H C E E E T
```

ALAMO	PORTMEIRION
BLUE RIDGE	ROSEVILLE
BUFFALO	ROYAL BONN
CAPODIMONTE	ROYAL DOULTON
CATALINA	SEG
DAVENPORT	TECO
DENBY	VAN BRIGGLE
GEORGE OHR	WEDGWOOD

```
E E S N D I E A P L A M L S E
M L T N W R U N R P L O E E T
S P A L N O T C G U D O S E D
H T O E N K E P T E T O R N U
S E L A V C I L E K K G E T A
M L S D N S R A E A P N I P S
P D E A A A L Y S W P E I V K
M R D E N A O R K C M L R R E
S E E H P N L R M O E Z A E D
R A S N E E Z E H N V T E Z H
E M O E O K H E O G A D E D T
H E Y T S M M H O L E E A S W
M L A P E O P M K M N D E A N
P G A T C D E E K E E O L M R
C R L A S R N R G E D K D T H
```

COME HOME	RUN
DANCE	SLEEP
DREAM	SNEEZE
DRINK	STAND
EAT	STROLL
GIVE	TALK
PHONE	WAKE UP
PLAY	WALK

```
E W G C O T S L T O I L O F E
O O W R I T E R S B L O C K U
E N R T O S R E E O E E Y S C
E G O R A C S Y C D G R O T O
E U T I X X R S R N O R X T I
S U G O T A C E N T E Y Y N N
E D D O S C T O S E L T O P D
I I O S L C U R N F G I N E E
E Y O E A I W D O T T A S E X
N L A R L N P R O I E O P U S
G P A Y O I E E S R T N E E E
S H F V R W O O Y O T I T L E
C B E S O N P U L E E N T S T
O L N R G X E P Y O E E I I F
N E D P E C R R E G R E E L P
```

CHARACTER   INTRODUCTION
CONTENTS   NOVEL
EPILOGUE   PAGE
EXPOSITION   PLOT
FOLIO   SENTENCE
FOREWORD   STORY
GLOSSARY   TITLE
INDEX   WRITER'S BLOCK

```
C  E  O  D  I  D  R  O  U  G  H  T  C  U  M
T  E  D  D  T  C  O  T  T  E  W  N  D  E  T
S  L  R  R  A  D  S  R  H  G  G  E  N  I  A
T  A  T  T  D  N  H  N  E  U  S  S  T  Z  N
O  G  Z  U  E  E  R  H  E  A  N  I  S  W  E
R  N  E  N  D  M  O  O  D  L  M  D  R  D  L
M  C  I  N  M  W  P  O  T  A  Z  S  E  H  E
I  C  Z  A  H  D  U  E  N  R  N  Z  E  R  I
S  W  L  T  R  R  G  U  S  O  T  E  I  P  L
H  W  R  O  N  O  S  U  W  T  T  N  A  R  Z
O  I  O  O  U  T  R  D  Y  E  E  O  R  R  D
W  N  E  R  T  D  P  M  U  S  S  L  L  O  O
E  D  E  T  O  L  H  R  W  T  T  C  E  N  E
R  O  U  D  N  O  R  H  N  P  D  Y  E  R  E
I  T  T  N  O  O  H  P  Y  T  R  C  P  O  G
```

CLOUD	SNOW
CYCLONE	STORM
DRIZZLE	TEMPEST
DROUGHT	THUNDER
GALE	TORNADO
ICE	TSUNAMI
RAIN	TYPHOON
SHOWER	WIND

```
W A Y N E R A I N E Y A N I S
E I O G N A M N O T N A L M A
U S Z E U Q R A M C R A M N D
N S F E A D A E R L I H P O I
N O T G N I L L A B K R O K S
A R S M D I E I B W J W F A E
H O G W N E T U E I L M F R E
O N I O A U O R M I A W U W T
O I O A S L N R A X J H R G R
D T W A E E H B M N O O N U
K N I A R D E I E A E L N W S
C E C H M K A J D E Y G U R N
I L A A I G B G D D R S R O H
M A N M G U S I L S E A B O O
S V R I S I O T M C E N B I J
```

ANTON MANG	MARC MARQUEZ
BRUNO RUFFO	MAX BIAGGI
CARLO UBBIALI	MICK DOOHAN
EDDIE LAWSON	MIKE HAILWOOD
JIM REDMAN	PHIL READ
JOHN SURTEES	VALENTINO ROSSI
JORGE MARTINEZ	WAYNE RAINEY
KORK BALLINGTON	WERNER HAAS

```
A A A O V E J A R A S O M K N
I R L E M Y A T A Q G N L T I
R N B A R R T S U N O A N R E
O M E I K E O A T K A R X P C
A A R H M E W L L M E O E R E
N X T O C V P T H M O W L C L
M I V L A R T L M R C R H O A
L G I L N P I A A M H A I I A
G R L I M E H K N C M R H T O
X E L R L E Z E N O I R C R Z
Y N E H L Q L C N E E D O C L
C O S L O Y N I R U T P S H U
S B I X A U X T L L P R A I A
H L I Q G N E Y R A G L A C R
C E E G A R M I S C H O V P L
```

ALBERTVILLE
CALGARY
CHAMONIX
GARMISCH
GRENOBLE
LAKE PLACID
LILLEHAMMER
OSLO

PARTENKIRCHEN
SALT LAKE CITY
SAPPORO
SARAJEVO
SOCHI
SQUAW VALLEY
ST MORITZ
TURIN

Take Your Time

```
C B R E A T H I N G S P A C E
M A E I N T E R M I S S I O N
R I T N L I E E G A P P O T S
S E R C O T S E S S N P N S N
F A S T H I P O E O N E E I E
L K M P B Y S M L S M P S N P
L T T M I L O N A R U E P T T
S N S R O T T U E A E A T E I
T I E R L C E F R P G E P R R
R C R N L R E N H B S S I L E
I T R R U D R U E A R U N U C
K E Y N L A A L C I L E S D E
E L L I T S D N A T S T A E S
A L C D U R T U L E Y D P T S
R P U N T C F I R H I T N E H
```

BREATHING SPACE   PAUSE
CATCH YOUR BREATH   RECESS
COMMA   RESPITE
DEFERMENT   REST
HALT   STANDSTILL
INTERLUDE   STOPPAGE
INTERMISSION   STRIKE
LULL   SUSPENSION

```
H L A X L E S I T P E H Y S Y
O N B A W I S I C L M A N R S
I A Y E M A E L L A W O O E O
W M S M N B Z I P A I T L D M
A R M E S G U D D S S B O H E
B O X L T O H E S Y I H T F N
I N L B T W T E O D P S I O G
G A A A N I S T E N E L R Y N
H R T C R S B R A V E I F Z I
E A D I O E C F E L D Z M W D
R P P P T N F E G M Y L O G N
O S E S I R D N I W E H T R I
S W R E C K I T R A L P H S F
I N H D S S I B E S L R I M L
X T E R A O H R Z B N P R S F
```

A SINGLE LIFE	POSSESSIONS
BIG HERO SIX	RATATOUILLE
BRAVE	SPIRITED AWAY
DESPICABLE ME	THE INCREDIBLES
FERAL	THE WIND RISES
FINDING NEMO	TOY STORY
FROZEN	WALL-E
PARANORMAN	WRECK-IT RALPH

Three-dimensional Shapes

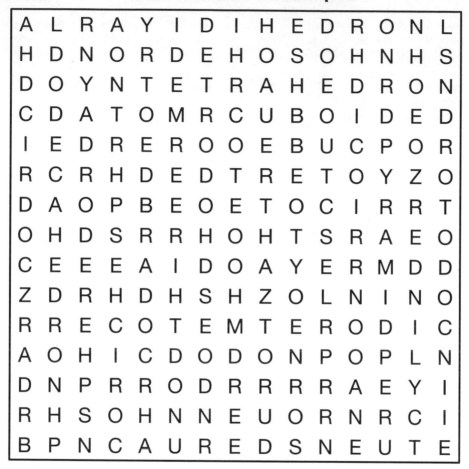

```
A L R A Y I D I H E D R O N L
H D N O R D E H O S O H N H S
D O Y N T E T R A H E D R O N
C D A T O M R C U B O I D E D
I E D R E R O O E B U C P O R
R C R H D E D T R E T O Y Z O
D A O P B E O E T O C I R R T
O H D S R R H O H T S R A E O
C E E E A I D O A Y E R M D D
Z D R H D H S H Z O L N I N O
R R E C O T E M T E R O D I C
A O H I C D O D O N P O P L N
D N P R R O D R R R R A E Y I
R H S O H N N E U O R N R C I
B P N C A U R E D S N E U T E
```

CONE
CUBE
CUBOID
CYLINDER
DIHEDRON
DODECAHEDRON
HOSOHEDRON
ICOSAHEDRON

OCTAHEDRON
POLYHEDRON
PRISM
PYRAMID
SPHERE
TETRAHEDRON
TORUS
TRAPEZOHEDRA

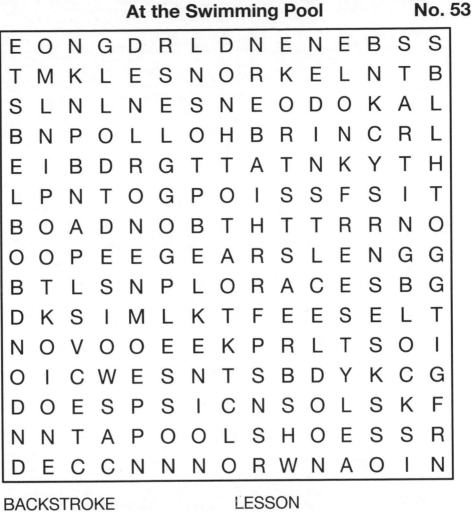

```
E O N G D R L D N E N E B S S
T M K L E S N O R K E L N T B
S L N L N E S N E O D O K A L
B N P O L L O H B R I N C R L
E I B D R G T T A T N K Y T H
L P N T O G P O I S S F S I T
B O A D N O B T H T T R R N O
O O P E E G E A R S L E N G G
B T L S N P L O R A C E S B G
D K S I M L K T F E E S E L T
N O V O O E E K P R L T S O I
O I C W E S N T S B D Y K C G
D O E S P S I C N S O L S K F
N N T A P O O L S H O E S S R
D E C C N N N O R W N A O I N
```

BACKSTROKE
BREASTSTROKE
COMPETITIONS
DIVING BOARD
FREESTYLE
GOGGLES
LANE
LENGTH

LESSON
NOODLE
POOL SHOES
RACES
RECEPTION
SHALLOW END
SNORKEL
STARTING BLOCK

Calling God

```
H  L  T  H  W  A  Z  H  Z  E  U  S  G  E  H
O  L  C  L  A  N  R  E  T  E  A  C  I  O  A
U  H  E  T  L  H  L  A  Y  A  N  H  T  O  V
N  R  A  N  V  L  R  O  R  A  A  R  C  R  O
H  M  U  L  O  O  E  O  R  D  D  I  H  H  H
M  I  M  G  L  Y  C  E  T  D  Z  S  E  M  E
E  A  E  E  A  L  W  R  H  A  T  M  I  J
O  R  J  W  S  H  R  O  N  H  M  H  A  H  E
Z  A  T  D  T  S  A  A  H  E  A  I  N  O  B
A  B  S  R  T  H  I  W  I  I  R  L  I  L  B
B  M  R  A  R  U  E  A  O  A  U  E  T  E  I
B  R  B  A  H  I  N  W  H  U  H  I  O  A  L
A  O  E  M  H  O  M  I  O  D  A  H  U  Y  A
O  D  A  U  D  M  W  O  R  R  L  E  M  H  T
I  Z  Z  A  E  D  A  Z  U  G  D  A  A  J  N
```

ABBA
ADONAI
AHURA MAZDA
ALLAH
BRAHMA
CHRIST
ELOHIM
ETERNAL

GITCHE MANITOU
HOLY ONE
JEHOVAH
LORD
MESSIAH
THE WORD
WAHEGURU
ZEUS

```
N U T L E B U N C H E S T T S
M W O R O B B N T W K C U E N
O L O P R A R U X T A A B U O
O R A R L O C M T I N E R H I
S A L I B L O O A E D H N T S
R E B R W N G W M N H E Y D N
E N R O U W L O O B P H P A E
B N B N R C E L C B O S N O T
W L O P P H B E B W P V U N X
M O E E A A L N P R I U E T E
N T V W O C R B T U I D N R I
T B A N G S O T X G O A E K T
W T S R E D T O I M I T H O E
U S U C H C H W B N U B S W K
R K W A H O M O E O G N T U P
```

BANGS
BLONDE
BOWL CUT
BROWN
BUNCHES
COMB-OVER
CURL
DYE

EXTENSIONS
HAIR
MOHAWK
PARTING
PUNK
RED
TOUPEE
WIG

Constellations

```
N M C B P C E P H E U S U N U
I I C A O S S M E A I S G P C
S U R R P A S E J C S C E P S
P N P G S R I C P S A R M S E
P A O O G R I V U N O U I A P
O E P T A C A C I I A O N R E
R E R I A N S S O I C P I I G
U E L S N U M C E R A S R E A
A S X X E I R P O S N S O S S
L H I P N U O U A R I U U G U
I E O O S I S G S X P G S C S
B R R T S I S J Y I S I S I N
R C G S M R R P B N P C U A E
A U A S E C S I P M E I N S U
U C R I U R S A M A J O R R U
```

ARIES	PEGASUS
CANIS MINOR	PERSEUS
CAPRICORNUS	PISCES
CASSIOPEIA	PYXIS
CEPHEUS	SCORPIUS
GEMINI	TAURUS
LEO	URSA MAJOR
LIBRA	VIRGO

```
U R O N U P N O Z I R O H C A
Z I O A D A L I H C N E L C K
S D E O R E T T I R F N I A A
R B S N C H A G G I S A E I S
R I E E R L L C O U S C O U S
S R I R R A E A I C O R N A U
A Y L H E P C F O D J O R O O
U A T L Z D A N E R O C G I M
E N E O S N R K O I Y L D E E
R I L U R D L I O C J O M M T
K I A O D T U S U R I O H A R
R A K A O N I O U I A L A K S
A G S L D T O L S S S N I D A
U O A P A S I F L D H D R H A
T A L S S K S M E A C I R A C
```

BIRYANI	FRITTER
CHILI CON CARNE	HAGGIS
CHORIZO	LAKSA
COUSCOUS	MOUSSAKA
DOLMA	PAKORA
ENCHILADA	SAUERKRAUT
FEIJOADA	SUSHI
FONDUE	TORTILLA

Seabirds

```
T R E H C T A C R E T S Y O E
W A E A E I L T E P A T P L E
R Z E T O R A G E A E O T D T
N O P H O K R N I N C M L W N
T R A G A C G I N A A E K I O
T B V P I U S A N A E L G F O
K I U T I D G T D G T L G E A
W L W N U F L U E G G I F O E
A L B A T R O S S V W U D R R
H B L R H U S O L Z L G L I S
H U F O Y S R G I M Z E S L U
S E A M E W R H A S R F V F L
I U R R C T T R E T F A A R L
F E W O L E B U E S G T N W A
V A A C W U U P F E L V N V L
```

ALBATROSS
CORMORANT
FISH HAWK
FULMAR
GANNET
GUILLEMOT
HERRING GULL
OLDWIFE

OYSTERCATCHER
PENGUIN
PETREL
RAZORBILL
SEAMEW
SURF DUCK
TAKAPU
VELVET SCOTER

```
S O S I V E R B A S S I M C A
E B O N A N O X L I O I O A B
S T L I O E N A D E D R V D E
N E U R E G I N A C O E L I N
D L C L N U M I A N V N L B D
A L I S F H D E A E N A I I E
N N O N A C N T R D A E I K M
S R S E C G I U E I L A L I P
U L I R M O M G B D U I C O F
N R L T N C E M A O I B V N I
B S L M O K I S U M B A R G N
O A A R O F U L F E E N Z N D
I S P E F I Q G U N D H A L U
S U V E S P E R A E V E T A N
S D Z L A C R I M O S A T N G
```

ABENDEMPFINDUNG
AVE VERUM CORPUS
BONA NOX
CORONATION MASS
DANS UN BOIS
GRABMUSIK
IDOMENEO
LACRIMOSA

LUCIO SILLA
MISSA BREVIS
REGINA COELI
REQUIEM IN D MINOR
TE DEUM
THE MAGIC FLUTE
VESPERAE
ZAIDE

Famous Boxers

```
Q P R M L H K O H R G S A C V
M N O W E E P T S S D U N I O
M M A P N N E A L O R G T L L
A U E N N R P Y E R E A H A D
N D L O O Y E O M E L R O D L
N A A S X A I H I I G R N A A
Y C I N L R L A K Z A A Y M R
P G L H E M L L E A H Y M M R
A R A O W S I E T R N L U A Y
C M A J I T W D Y F I E N H H
Q S L K S R C R S E V O D U O
U A I C N O E A O O R N I M L
I E H A S N U C N J A A N A M
A K L J E G Y S R I M R E R E
O D M A R Y K O M L S D N N S
```

ANTHONY MUNDINE
HENRY ARMSTRONG
JACK JOHNSON
JOE FRAZIER
LAILA ALI
LARRY HOLMES
LENNOX LEWIS
MANNY PACQUIAO

MARVIN HAGLER
MARY KOM
MIKE TYSON
MUHAMMAD ALI
OSCAR DE LA HOYA
SUGAR RAY LEONARD
VITALI KLITSCHKO
WILLIE PEP

```
L E S R D M O B T E S A C T A
I S O V D A N S S A L E S T I
C E N A A S A R O L O N L R R
U L L R E K E I A N W B P O O
R B I V S P K R R A S S S P V
R B K I P S O U V N I H K I I
E U O I S C S E I I I C F C D
N B L N K I S I S P R L M A N
T F E S P K S D W N O O G L L
C D R F I K N R T A L A S F E
S L H U S A E B T L S S T I K
S N P F L C A I U U N L E S R
N T I S K B N S C U K M D H O
N I I F A G K E G F W R I C N
L L T U L S S L F L L S T T S
```

BOAT
BUBBLES
CURRENT
FINS
FLIPPERS
FLOATING
ISLANDS
MASK

MOLLUSKS
ROCKS
SEA
SHIPWRECK
SNORKEL
TIDE
TROPICAL FISH
WAVES

The Game of Chess

```
R C A R N A S M E R U T P A C
U L N E G E K A N A G E O M A
O H E T G I S N H A N C T D R
I S E S N O A A A N A R R A B
C A I A I O N W L R O A S S I
N N C M N E S G H O O S A R T
S W N D E N R E K B E E H E E
R A N N P E K B S H E E M B R
E P C A O A I S C L R A E I E
C O C R I S E Z T I G E E Q R
G I D G H H T S R D E S E B W
E E L O C I A T N T I B M A G
K E P K L C A E I B C H E C K
M G K B G Q U E E N C I I R P
E E T I H W B I B R A C N N W
```

ARBITER	GAMBIT
BISHOP	GRANDMASTER
BLITZ CHESS	OPENING
CAPTURE	PAWN
CASTLE	QUEEN
CHECK	RANK
CHESSBOARD	ROOK
ENDGAME	WHITE

```
I  Y  T  R  C  S  D  H  C  R  I  I  A  R  P
S  C  E  A  U  A  C  R  S  R  T  R  I  S  H
C  D  L  R  H  L  S  I  S  I  O  T  N  N  T
I  A  A  I  U  P  A  L  T  M  D  E  I  U  N
D  O  I  E  O  S  I  C  A  S  U  E  I  C  I
E  A  N  R  H  S  S  T  H  R  I  C  W  W  O
V  U  T  H  S  N  H  E  O  I  I  L  U  S  P
R  S  E  P  I  E  A  M  R  R  N  S  O  S  R
U  U  H  S  R  I  U  I  T  P  T  E  E  H  E
Y  I  M  A  S  S  L  N  D  A  U  R  S  R  G
A  R  P  A  C  E  A  R  I  N  E  C  T  E  G
H  Y  S  U  J  T  P  H  E  R  I  T  A  C  I
A  N  L  S  H  U  S  R  I  A  H  C  G  U  R
I  A  B  A  L  I  N  E  S  E  A  C  S  M  T
R  H  O  T  S  T  O  N  E  I  O  R  A  L  H
```

ACUPRESSURE	INDIAN HEAD
AROMATHERAPY	JAMU
AYURVEDIC	NEUROMUSCULAR
BALINESE	SHIATSU
CHAIR	SPORTS
CHINESE	SWEDISH
HOLISTIC	TANTRIC
HOT STONE	TRIGGER POINT

Volcanoes

```
U I K T I S T H E L E N S O A
I S P L O B U T A N I P A M N
T T T A Y A N V O L N O E Y L
A R I S R U V O N A T I A S T
A O U G K E C V S M L M V S O
L M A N R N M H U D U K M O H
A B V S A O O E E R U K E V V
M O O Y K V A A A V A H N H E
A L Y E A M R G B O S R Y I S
E I Y N T I I O R N T K J M U
S T O E O R T I M A E U O E V
O A N R A A R Y T S F S F Y I
T I O A S A N T O R I N I E U
A O I M O N T S E R R A T S S
I N O M A Y O N A O D O E V S
```

ETNA
FUJI
HEKLA
HUDSON
KLYUCHEVSKOY
KRAKATOA
MAYON
MERAPI

MONTSERRAT
NYAMURAGIRA
PINATUBO
SANTORINI
ST HELENS
STROMBOLI
TAAL
VESUVIUS

```
U C J A W O O I A B A B P A P
O D O A T P I U A A A D E P A
C A R R S I E I B J K B E A I
E A A R O I H E B T N A B A P
H A A B I K T B K V K E O O E
H A T I A A A D C A A A K O D
O V B P O N H A E A J O A S A
B A I A E J K T H J O T E C R
A I A K R E E E A E O A N R A
E O I W S N T I T N I I V T O
E A O E A D A D V I K R E A W
O P T I S K A R A A E B T T N
I H A T H A S T N N K U A T P
R E C T A I O A I T A W A I A
A T A T S N J E N B I A T A B
```

APA	OEE
ATHAIR	OTAC
BABBO	OTEC
BANKETI	PAI
BUWA	PEDAR
HAAKORO	TATA
ISA	TATTI
JANAK	VIEJO

Alphabets

```
A G G B Y Z A N T I N E E E A
C G E O R G I A N I N L S Y C
O I K A N J I N H O I H A R E
I E F M A E N J A N P I O A H
H O L U N E R N E Y L M U P P
N K I U K N A A L I A G A I I
S Y A N S O R G N J H R O N C
C N I N J B O E I R G C A C T
S A A L A R A C A O A I G C O
D O N Y E R M A G O G J O I G
R A R I A A H O J H F O C N R
N R H C H A L C I D I A N U A
K N R D L A C I S S O L G R P
R H G P L N I R A G A N H P H
Y D E C B R B K G Y A T D O E
```

BYZANTINE
CHALCIDIAN
GEORGIAN
GLOSSIC
HIEROGLYPHS
KANA
KANJI
KUFIC

LINEAR A
LINEAR B
LOGOGRAPH
NAGARI
OGAM
PICTOGRAPH
ROMAJI
RUNIC

```
R V C W A C F D T T S K G I E
E F A E K O I T S P I R I T N
I V H W D C N E G I I L T E E
E D A D F R E O P S W S A N G
D I M I D R R T O E R N C A R
H O A T P R C R F B D A T C A
T N A E N U A T K N U S E E H
F T O B D U O T O L I S P D C
L E S N A O T C E M D R T L S
S T O I F T E E I R R C P C I
E C L R N S E N E O E N O S D
W O U U L K D I A F E E F D S
E W N A A L E A E D E V F T A
R A A N O I E D T D A E L V O
A D S N E G A W V A K C L N T
```

BAT
CONDUCT
DEAR
DEFECT
DISCHARGE
FINE
FOOT
LEAD

MIND
RETARD
SECOND
SEWER
SINK
SPIRIT
WAVE
WELL

Aquarium Fish

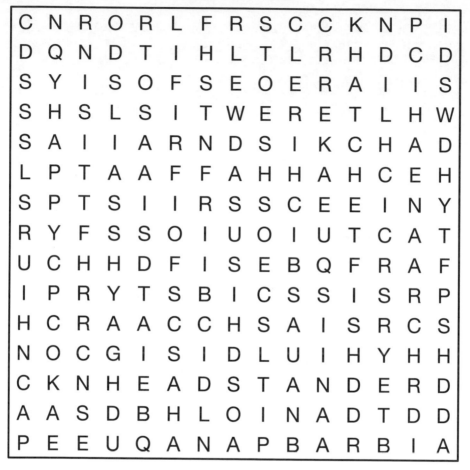

```
C N R O R L F R S C C K N P I
D Q N D T I H L T L R H D C D
S Y I S O F S E O E R A I I S
S H S L S I T W E R E T L H W
S A I I A R N D S I K C H A D
L P T A A F F A H H A H C E H
S P T S I I R S S C E E I N Y
R Y F S S O I U O I U T C A T
U C H H D F I S E B Q F R A F
I P R Y T S B I C S S I S R P
H C R A A C C H S A I S R C S
N O C G I S I D L U I H Y H H
C K N H E A D S T A N D E R D
A A S D B H L O I N A D T D D
P E E U Q A N A P B A R B I A
```

BARB	HEADSTANDER
BICHIR	PANAQUE
CATFISH	PANGASIUS
CICHLID	REEDFISH
CLOWNFISH	SPILO
CORYDORAS	SQUEAKER
DANIO	SYNO
HATCHETFISH	TETRA

```
O  O  D  D  H  O  A  T  A  L  R  D  P  A  E
O  E  S  C  O  W  N  S  O  M  O  O  Z  E  T
P  L  S  O  A  R  U  G  M  M  R  R  Z  D  A
O  A  E  M  A  B  L  A  M  P  R  N  R  O  H
R  S  R  D  R  A  W  F  O  D  A  A  G  B  O
F  I  G  A  D  S  H  I  L  P  A  O  M  A  L
G  G  O  O  V  O  S  G  M  O  E  L  B  D  G
E  Z  R  R  A  E  R  I  O  O  W  H  A  G  S
P  E  I  C  R  D  H  E  H  H  D  E  L  E  U
G  N  L  U  K  C  U  L  O  A  E  L  U  R  R
R  G  L  A  P  A  W  G  R  O  M  G  A  H  L
O  R  A  U  G  O  A  T  O  O  E  S  D  L  A
O  D  O  G  R  G  M  G  S  N  D  H  T  E  W
P  L  O  G  N  A  M  U  H  E  G  N  I  E  H
R  S  H  H  E  T  N  E  T  A  M  O  L  E  R
```

AARDVARK	HAMSTER
BADGER	HEDGEHOG
CHIMPANZEE	HUMAN
COW	MARMOT
DOG	MOLE
DUGONG	PORPOISE
GOAT	WALRUS
GORILLA	WOLF

Camera Brands

```
P I I L A E A A O P E N T A X
K A D O K A S N R M L O P E N
T K T C M I O P R A K T I C A
C A C I H S A Y C C I S I K Y
P X N T S G I I O N U A A P I
A L K A P O N G O P R O C A C
O N A M D O S U P U I Y I G N
P O M A K N I A S J M D E L N
O E I T O P S O U M I P L C O
C H N S C I L F L O A P A A T
I Y O N N T N D R Y Y S P N S
S K L I N O P A I M M C Y O K
R S T A K G L R T N U P N N T
A S A I P O A K I L M Y U I F
M Y N A P N M I C I N I M S S
```

CANON
FUJI
GOPRO
INSTAMATIC
KODAK
KONICA
LEICA
MINOLTA

NIKON
OLYMPUS
PENTAX
POLAROID
PRAKTICA
SAMSUNG
SONY
YASHICA

```
M C F A L E M O N U M E N T W
L E H O T O Y R E T S A N O M
N T D U R C T C L C A F M M P
C O I A R T R E A M R D U L L
M E I G R C E I M I O M I E E
L M U T T E H A C P A M N O P
E C A O A O C O T U L M I M A
R G A N T T A T S O T E M F H
O R E T S A S O O O M O O E C
M C A L H I L R N R M C D F H
A C A A L E O F E T Y M N M A
N W S N U O D N L W M E O S L
O A C M D A C R M N O S C O T
R R E T A E H T A M L P D W A
E M N E C M I L L L H O C L M
```

CATHEDRAL   MAUSOLEUM
CHAPEL   MILL
CHURCH   MONASTERY
COLLEGE   MONUMENT
CONDOMINIUM   POWER STATION
FORT   RECTORY
MANOR   TEMPLE
MANSION   THEATER

```
T O L B T A R H A O S R P M F
S E L O S N A S F C A P P I S
S S H E L P E I E C B R N P P
T I H O I S M M S L R G O A A
S C G M T S S E T S E T T S M
P T P C S N T L R R R C N A K
S L A K I T B B P R H T I D T
E I S I R E T R R E C C R O I
C B K C N A I N E L K C E R F
G S C E R N M H O K T C N E B
S M E I T A C H H T M I E S L
P F P D E K T C T I C F T I R
S N S L R I E C I R C H R U T
R I T C I E N C H E I P R R E
D E N T C A R R T P I B T B T
```

BIRTHMARK	PATCH
BLEMISH	PIMPLE
BLOT	SCAR
BRUISE	SCRATCH
DENT	SMEAR
FINGERPRINT	SPECK
FRECKLE	SPOT
NOTCH	STAIN

```
U D E L G U L L I B L E N N L
C E L W U T O D S F F R A N K
G C I U I E N P N M S S I D U
T A I N L D F U T N G S V D U
E S C P E A E I N N O C E N T
S C A R L X R E I R B E A U I
D A I E E I P T Y C A F N O G
E I T T S D S E L E F U U N I
R T D E S U U N R E D D U E W
N I E N R I N L C I S E D L E
N C L T A V L T O V E S L N O
W G N I T C E P S U S N U I U
Y T A O I D E R M C S I C C E
F I T U I N G A U I U U T E I
G C N S D R S E F C S D G N D
```

ARTLESS
CANDID
CREDULOUS
FRANK
GUILELESS
GULLIBLE
INEXPERIENCED
INNOCENT

NAIVE
OPEN
SIMPLISTIC
TRUSTING
UNAFFECTED
UNPRETENTIOUS
UNSUSPECTING
WIDE-EYED

Natural Selection

```
I  A  M  R  S  N  G  M  N  A  N  I  P  S  U
E  A  V  L  N  B  A  E  A  N  E  V  R  C  E
C  A  E  A  N  N  A  I  N  D  N  L  E  I  E
E  T  C  L  R  I  G  L  L  E  N  S  G  T  T
E  A  I  S  E  I  V  N  A  E  S  I  R  E  N
N  N  N  N  E  L  A  N  I  N  D  C  O  N  O
R  V  T  C  X  P  L  T  E  D  C  N  T  E  I
T  N  S  E  T  L  Y  A  I  N  E  I  E  G  T
C  O  M  P  E  T  I  T  I  O  N  E  N  M  P
N  A  A  C  S  U  E  T  O  U  N  L  R  G  U
R  B  T  T  R  A  I  T  S  N  T  O  V  B  R
S  E  P  Y  T  O  N  E  G  T  E  Y  M  N  S
N  O  I  T  U  L  O  V  E  T  N  H  C  S  I
I  R  N  O  I  T  C  N  I  T  X  E  P  C  D
E  A  D  A  P  T  A  T  I  O  N  T  D  E  A
```

ADAPTATION	EXTINCTION
ALLELE	GENES
BALANCING	GENETICS
BREEDING	GENOTYPES
COMPETITION	MENDELIAN
DISRUPTION	PHENOTYPES
DNA	TRAITS
EVOLUTION	VARIATION

```
N D O E H A I S I E S A T R O
B O S A L S E C N E W N H T M
S A R G S J O H N B O S C O O
A J T H O M A S A Q U I N A S
L O S U I G I L E I A I R E S
O A T R Y G C L S I N E R E L
H N E H R K R D I A H G N O S
C O G M O O E H A P R P G E O
I F A W G M D D O V A C B S C
N A B C E I A T A T I A N E T
S R R A R R S S R A S D P A M
M C I N G I D I M T D W A I P
O S E I R L C N I O A N N E E
O S L H A K E A A D R D J B O
G N C S A T N I A G S E O R E
```

ANDREW	JOHN BOSCO
ANNE	NICHOLAS
CHRISTOPHER	PANCRAS
DAVID	PATRICK
ELIGIUS	SEBASTIAN
GABRIEL	THOMAS AQUINAS
GREGORY	THOMAS MORE
JOAN OF ARC	WENCESLAS

Shells

```
A G A C I C O G E U A H R R B
W U T O D P P N A S Y T H E A
S D I C A O L A E C A I A S B
T M D K L N O L X I A R N M Y
E T R L E E G E N N E E E K E
E O A E O N R I G M C C L O A
A C C R I U S A S K A E E A R
S A T J M O B Y C I H L D W A
W E R E D C S E A W C E C C L
Y H U N L C H J U N O N I A I
N L D A L L U C A W I N K L E
L J K T C U I K N U T C E O N
O I R I E I N N L O E I C A U
O C E C S R E G U A C N N S M
T U C A H T N C J U I I R K B
```

AUGER
BABY EAR
CARDITA
CERITH
CLAM
COCKLE
CONCH
DOSINIA

JINGLES
JUNONIA
MUREX
NATICA
SCALLOP
TELLIN
WHELK
WINKLE

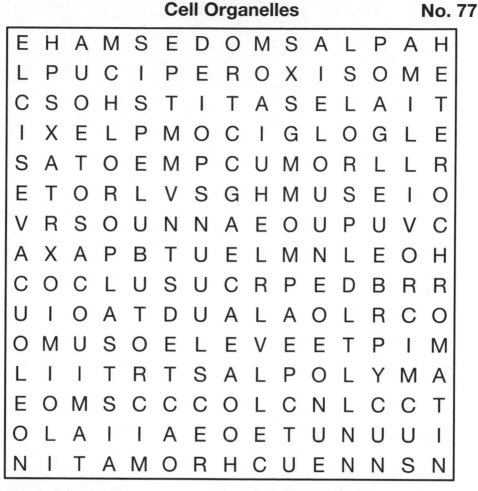

E	H	A	M	S	E	D	O	M	S	A	L	P	A	H
L	P	U	C	I	P	E	R	O	X	I	S	O	M	E
C	S	O	H	S	T	I	T	A	S	E	L	A	I	T
I	X	E	L	P	M	O	C	I	G	L	O	G	L	E
S	A	T	O	E	M	P	C	U	M	O	R	L	L	R
E	T	O	R	L	V	S	G	H	M	U	S	E	I	O
V	R	S	O	U	N	N	A	E	O	U	P	U	V	C
A	X	A	P	B	T	U	E	L	M	N	L	E	O	H
C	O	C	L	U	S	U	C	R	P	E	D	B	R	R
U	I	O	A	T	D	U	A	L	A	O	L	R	C	O
O	M	U	S	O	E	L	E	V	E	E	T	P	I	M
L	I	I	T	R	T	S	A	L	P	O	L	Y	M	A
E	O	M	S	C	C	C	O	L	C	N	L	C	C	T
O	L	A	I	I	A	E	O	E	T	U	N	U	U	I
N	I	T	A	M	O	R	H	C	U	E	N	N	S	N

AMYLOPLAST
CHLOROPLASTS
CYTOPLASM
EUCHROMATIN
GOLGI COMPLEX
HETEROCHROMATIN
MICROTUBULE
MICROVILLI

MITOCHONDRIA
NUCLEAR ENVELOPE
NUCLEOLUS
NUCLEUS
PEROXISOME
PLASMODESMA
VACUOLE
VESICLE

French Numbers

```
H U E Z R O T A U Q A X S Z T
O U N D R Z I T U E I U R R O
E Q I R U T N E C T U Q E E E
O D I T O E E D U Q U I E Z E
I E R T A U Q X N I Z E T U Z
S N Z E T D T E N E Z U N T Q
E O U T Z E X Z X U Z U A I T
T D E E E U E Z O E I S X A E
O F E X O X E D E I X O I Z E
I R E E I T Z A E T E X O O A
E E E Z T F E T N E R T S D R
U Z E Z O R S R H Q T F U S O
D N E E T U O E Z I E S U E H
O O E O Z T H I I T T E S E E
R U I O X I D O S E R N E R N
```

CENT	QUATRE
DEUX	QUINZE
DIX	SEIZE
DOUZE	SOIXANTE
HUIT	TREIZE
NEUF	TRENTE
ONZE	TROIS
QUATORZE	ZERO

```
B E R G L U V R N E T O R O D
E R N T N E A E O R L E E U A
T B P T M I D R P R E P E E K
A G I I L K T A O L R I U E N
N E I P D O O M R U N T N A L
G E I U O U B R E B U T G E S
S G T L U T T N O S I U U O D
O T A A L U D U R O L R R B O
T L A O E L L B N P R G T L E
O I E R L M M P E M E S G I A
I M L N L O R O A E A N P V B
U U R O T O R L S O B E S E E
L R E G U R D N A U I P S D O
A I R I L O G K S T I S L R R
U I R U L R L T I N O E M I R
```

ARE	PLUG
BUN	RAIL
BUS	REBUT
DOOM	REINED
EMIR	ROTOR
GNAT	SPIN
KEEP	TAR
LIVED	TOOL

Cities in Germany

```
N N E D A B S E I W R E D E N
P N U G I Z P I E L U M N N E
N O H C W U P P E R T A L I B
C M E R F S S I O I N N L U F
S L I T N E G N I T T O G M R
R O D N E H C A A S I N M N O
N G E L S E N K I R C H E N D
N P L B H T M D U N R S I N L
O T B M I D H A E R U L L S E
R U E M U C U S N A B E H K S
B H R D I N S O H N N H W C S
L H G N S E S R I B H E O C U
I E U O T S E T W A O E Z E D
E M N O A B O I E E I N I E I
H S N E O E S E E R M E N M N
```

AACHEN
BONN
DUSSELDORF
ESSEN
GELSENKIRCHEN
GOTTINGEN
HEIDELBERG
HEILBRONN

LEIPZIG
MANNHEIM
MUNICH
MUNSTER
OBERHAUSEN
ULM
WIESBADEN
WUPPERTAL

```
P E G P A S S D R O L A L U E
G R P A T R I C I A N S L B S
Y S I S P N I B N S I L S S L
N R E V E M A S S T S A N U R
E C T L I R E A T S G Y A I A
M P T N E L L I A O T A M L E
E S E L E C E L N E C S E R L
L H T R R G C G I I T R S I C
B A P E S G L C E O T M A S N
O E P A N O O I H D A S I T O
N P S I T S N S S S C M I A S
U S L O H B G A T L E L L L Y
N U F G I I L A G S E M A D I
R F I T B E G B S E N E I S O
S H S S A R B P O T S P S R S
```

ARISTOCRATS   NOBLEMEN
BIG SHOTS   PATRICIANS
DAMES   PERSONAGES
EARLS   PRIVILEGED CLASS
GENTRY   RULING CLASS
HIGH SOCIETY   TOFFS
LORDS   TOP BRASS
NAMES   UPPER CLASS

Famous Bridges

```
B F I T B I R O N B R I D G E
B O D K A E M E G D E G I D O
P R S B N G I G R R L C I K I
V T N P P D L D I T O O H H H
L H I E O I L I A O N N E A C
D B T D B R A R L W D G L J C
R R H R R B U B T E O L I O E
N I V A I N V S O R N E X O V
I D K G D Y I U B B B B B B E
D G I U G L A M R R R R R R T
L E R D E K D S I I I I I I N
R E A T H O U A D D D D D D O
I A E N M O C R G G G G G G P
R A O O O R T E E E E E E N
S S A P Y B M A D R E V O O H
```

BANPO BRIDGE
BOSPORUS BRIDGE
BROOKLYN BRIDGE
CONGLE BRIDGE
ERASMUS BRIDGE
FORTH BRIDGE
HELIX BRIDGE
HOOVER DAM BYPASS

IRON BRIDGE
KHAJOO BRIDGE
LONDON BRIDGE
MILLAU VIADUCT
PONT DU GARD
PONTE VECCHIO
RIALTO BRIDGE
TOWER BRIDGE

```
B U E A R D U L L E S L L R F
I Y C M A C N E N E A Y H R D
Y G H I G O L O L G M B A O L
D A I N E G T E U C O B W N E
E R C E I G G A C A C O A A I
N W A T A N R A H I A H I L F
N W G A A D R R K T T P I D H
E A O S I R T L E S E M H R G
K N O A A R T A A O L A O E R
F L H N B A E E M A T I N A E
N R A J A O E I I P T L O G B
H T R O W T R O F S A L L A D
O G E S M G N I E D E I U N N
J A N E W A R K E G S W L W I
B G N O R T S M R A S I U O L
```

CHICAGO O'HARE
DALLAS FORT WORTH
DULLES
HAWAII HONOLULU
JOHN F KENNEDY
LAGUARDIA
LINDBERGH FIELD
LOS ANGELES

LOUIS ARMSTRONG
MCCARRAN
MINETA SAN JOSE
NEWARK
RONALD REAGAN
SEATTLE-TACOMA
TAMPA
WILLIAM P HOBBY

Relatives

```
A I F O S T E R P A R E N T H
I A N D U N N E P H E W G R L
B T S N B S O I S D E E E D I
E R A E L N R N E I B H L M C
D L O R N B O M H T T I N O E
M S N T T S U G S A H M A T U
S I O N H R I E F C O S D H H
H I U U F E C R R N I A S E C
E A E E R R R M I B U M B R E
N N U N N B N S L G I B I M S
R A P I S D U I H E L C N U I
H N E R U O N T D E P M H I S
H C T A C G E N E T E N U R T
E I B S U R F L M P H F D M E
I F E T T R T H U S B A N D R
```

AUNT	MOTHER
BROTHER	MUM
CHILD	NEPHEW
COUSIN	NIECE
DAUGHTER	SIBLING
FATHER	SISTER
FOSTER-PARENT	SON
HUSBAND	UNCLE

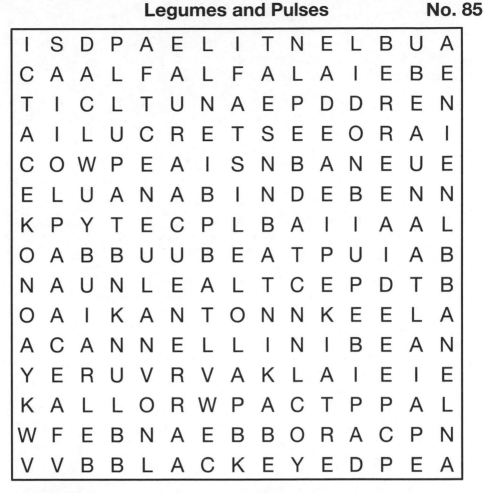

```
I  S  D  P  A  E  L  I  T  N  E  L  B  U  A
C  A  A  L  F  A  L  F  A  L  A  I  E  B  E
T  I  C  L  T  U  N  A  E  P  D  D  R  E  N
A  I  L  U  C  R  E  T  S  E  E  O  R  A  I
C  O  W  P  E  A  I  S  N  B  A  N  E  U  E
E  L  U  A  N  A  B  I  N  D  E  B  E  N  N
K  P  Y  T  E  C  P  L  B  A  I  I  A  A  L
O  A  B  B  U  U  B  E  A  T  P  U  I  A  B
N  A  U  N  L  E  A  L  T  C  E  P  D  T  B
O  A  I  K  A  N  T  O  N  N  K  E  E  L  A
A  C  A  N  N  E  L  L  I  N  I  B  E  A  N
Y  E  R  U  V  R  V  A  K  L  A  I  E  I  E
K  A  L  L  O  R  W  P  A  C  T  P  P  A  L
W  F  E  B  N  A  E  B  B  O  R  A  C  P  N
V  V  B  B  L  A  C  K  E  Y  E  D  P  E  A
```

ALFALFA
BLACK BEAN
BLACK-EYED PEA
BORLOTTI BEAN
BROAD BEAN
CANNELLINI BEAN
CAROB BEAN
COWPEA

DAL
LENTIL
LUPINE
PEANUT
SNAP PEA
STERCULIA
URD
VELVET

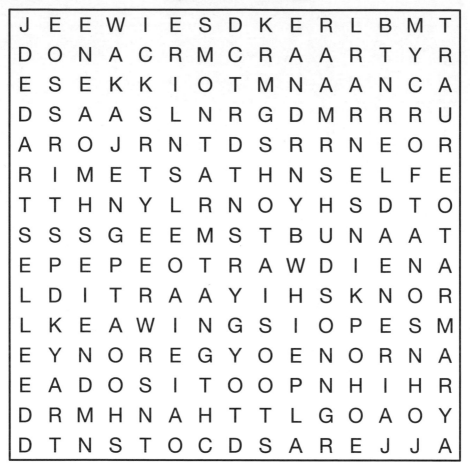

```
J E E W I E S D K E R L B M T
D O N A C R M C R A A R T Y R
E S E K K I O T M N A A N C A
D S A A S L N R G D M R R R U
A R O J R N T D S R R N E O R
R I M E T S A T H N S E L F E
T T H N Y L R N O Y H S D T O
S S S G E E M S T B U N A A T
E P E P E O T R A W D I E N A
L D I T R A A Y I H S K N O R
L K E A W I N G S I O P E S M
E Y N O R E G Y O E N O R N A
E A D O S I T O O P N H I H R
D R M H N A H T T L G O A O Y
D T N S T O C D S A R E J J A
```

BAYNES	MARY
BRADSTREET	MORAN
HOPKINS	MORIARTY
IRENE ADLER	MRS HUDSON
JOHNSON	MYCROFT
JONES	SHERLOCK
LANGDALE PIKE	WATSON
LESTRADE	WIGGINS

```
T K S A C I H H E H E B E E E
L C S E B V A A E A R O E T R
D D H A A I F A N I R E E R E
L E F F U D L D E D L H E A A
U C A E M D R F D D B S O V E
S L E S A A C E D A M A G E R
M U L O C A K A D E E N G L U
C T E T S H S E S L I T O E C
C C H E C S O S U P U C H D K
N H C E D C E O P P G O R P S
E L T T L N R O L H G O H C A
A O A T G S H N D T C C L S C
T R S E O S F D K E A S C I K
E I R S O B S P R K E E S N E
L E C B A T H L E T I C C I A
```

ATHLETIC
BRIEFCASE
CLUTCH
DUFFEL
HANDBAG
MAKEUP
MESSENGER
RECORD

RUCKSACK
SADDLE
SATCHEL
SCHOOL
SHOPPING
SHOULDER
TEA
TRAVEL

```
P E G N D E P V L P N T N R A
D O P N A S B N I M L A R M B
U L S B E R G Y A T L B T U O
G S E D H R N H B A T P O R S
I L O B I O R R P E R S N E N
R Y R D R E E R L G K L J N A
P U R N D G O N B B P C P O S
P J A O I T O R I Y G H O S A
I S S S K P U T S B I E N N A
N E S E P S L I P A E M E T T
M O N L A S Y O P H N N B A S
R R A L U I A O S A E E N S L
R N I E O N L R N T N S O P L
D N K T G P I R U U O D S K U
S R G G N O M D N A R T S L T
```

BOSNAS	OPPLAND
BRUSALI	POANG
EKTORP	REGISSOR
HEMNES	SODERHAMN
MUREN	STRANDMON
NIPPRIG	TULLSTA
NOCKEBY	ULSBERG
NORNAS	VITTSJO

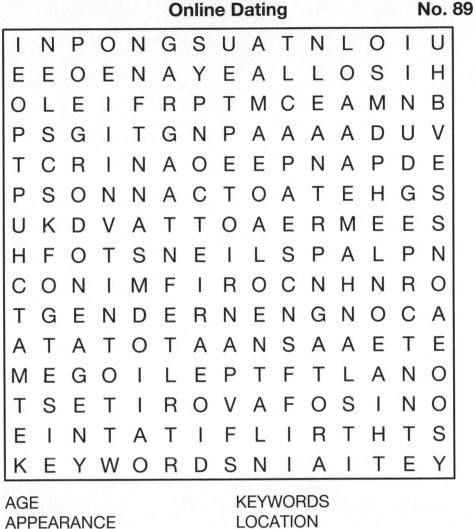

```
I N P O N G S U A T N L O I U
E E O E N A Y E A L L O S I H
O L E I F R P T M C E A M N B
P S G I T G N P A A A A D U V
T C R I N A O E E P N A P D E
P S O N N A C T O A T E H G S
U K D V A T T O A E R M E E S
H F O T S N E I L S P A L P N
C O N I M F I R O C N H N R O
T G E N D E R N E N G N O C A
A T A T O T A A N S A A E T E
M E G O I L E P T F T L A N O
T S E T I R O V A F O S I N O
E I N T A T I F L I R T H T S
K E Y W O R D S N I A I T E Y
```

AGE

APPEARANCE

BIO

DATE

FAVORITES

FLIRT

GENDER

INTERESTS

KEYWORDS

LOCATION

MATCH UP

NAME

NATIONALITY

NUDGE

PERSONALITY

PHOTO

Kitchen Tools

```
M B P W R S A O B E M I X E R
R R O R H C T S P E L N A U P
E E L T B I P R G L T D V A U
A K N R T A S I A M R G A F C
G C L E O L O K E I A L R L G
A A P L P L E A E R N E R A N
A R R E N O L O L A F E F L I
P C E L C S N I P I R I R U R
R T T P L C C A N E B E D T U
R U A C E P E K C G N C E A S
U N R K R M D B E O P E A P A
I K G E S A E R O F C I R S E
E P S K E R S P C F E A N V M
C S T R A T S R E V A E L C E
S I B R C S C A L E S A L E U
```

BOTTLE OPENER   MIXER
BREAD KNIFE   NUTCRACKER
CAN OPENER   ROLLING PIN
CLEAVER   SCALES
GARLIC PRESS   SPATULA
GRATER   SPOON
LADLE   STRAINER
MEASURING CUP   WHISK

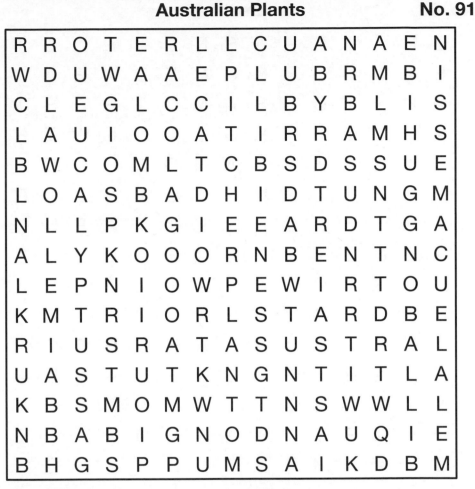

```
R R O T E R L L C U A N A E N
W D U W A A E P L U B R M B I
C L E G L C C I L B Y B L I S
L A U I O O A T I R R A M H S
B W C O M L T C B S D S S U E
L O A S B A D H I D T U N G M
N L L P K G I E E A R D T G A
A L Y K O O O R N B E N T N C
L E P N I O W P E W I R T O U
K M T R I O R L S T A R D B E
R I U S R A T A S U S T R A L
U A S T U T K N G N T I T L A
K B S M O M W T T N S W W L L
N B A B I G N O D N A U Q I E
B H G S P P U M S A I K D B M
```

ACACIA
BILLABONG
BLADDERWORTS
BOTTLEBRUSH
BYBLIS
EUCALYPTUS
GOLDEN WATTLE
KANGAROO PAW

KAURI
MARRI
MELALEUCA
PITCHER PLANT
QUANDONG
SUNDEWS
WISTERIA
WOLLEMIA

Beetles

```
E R A I C R O S N E J F D E F
E R L O O R O G C E D A R A W
O D I Y D L S A N O L E E S T
N E V D D H R U O C D L W T K
C E E I R R D W N D W E O E A
R L E G I N N O I O S N L R R
R R W O E O R S L C T A F N O
S L N E T I H L J H A B D H S
A S R T P P A A A E L G E E E
S G O O M R E P C R O L R C
A C C T E J W N A K D D G C H
D O A B O S M G N E O A N U A
N T O B L I S T E R N R A L F
O L V R E Y W A S E N I P E E
G Y A F M P E C E D I E S S R
```

ACORN WEEVIL	GREEN DUNE
BLISTER	IRON CLAD
CARRION	JAPANESE
CHECKERED	PINE SAWYER
COTTONWOOD	REDDISH POTATO
DOGBANE LEAF	ROSE CHAFER
EASTERN HERCULES	SOLDIER
GLOBEMALLOW LEAF	SPANGLED FLOWER

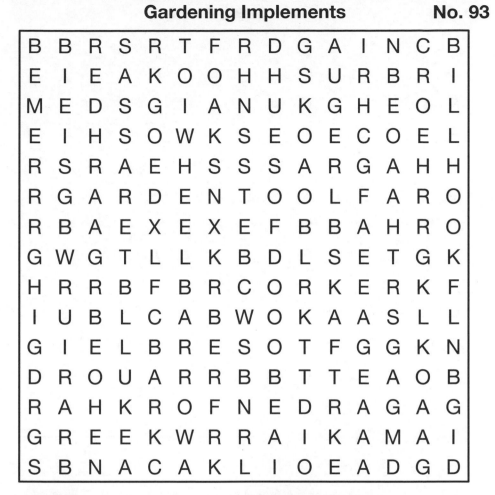

```
B B R S R T F R D G A I N C B
E I E A K O O H H S U R B R I
M E D S G I A N U K G H E O L
E I H S O W K S E O E C O E L
R S R A E H S S A R G A H H
R G A R D E N T O O L F A R O
R B A E X E X E F B B A H R O
G W G T L L K B D L S E T G K
H R R B F B R C O R K E R K F
I U B L C A B W O K A A S L L
G I E L B R E S O T F G G K N
D R O U A R R B B T T E A O B
R A H K R O F N E D R A G A G
G R E E K W R R A I K A M A I
S B N A C A K L I O E A D G D
```

AUGER   GRASS SHEARS
BILLHOOK   KUNAI
BRUSH HOOK   LEAF BLOWER
DIBBLE   MATTOCK
GARDEN FORK   RAKE
GARDEN HOSE   RHUBARB FORCER
GARDEN TOOL   SUSSEX TRUG
GRAFTER   WHEELBARROW

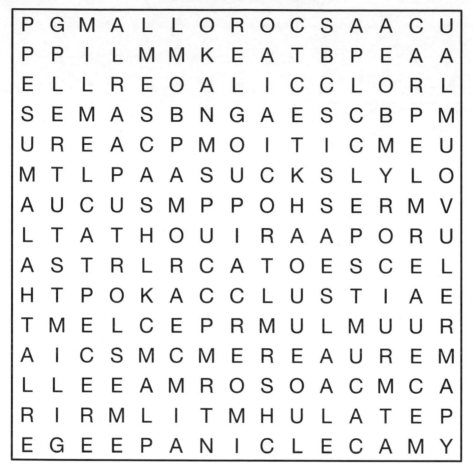

```
P  G  M  A  L  L  O  R  O  C  S  A  A  C  U
P  P  I  L  M  M  K  E  A  T  B  P  E  A  A
E  L  L  R  E  O  A  L  I  C  C  L  O  R  L
S  E  M  A  S  B  N  G  A  E  S  C  B  P  M
U  R  E  A  C  P  M  O  I  T  I  C  M  E  U
M  T  L  P  A  A  S  U  C  K  S  L  Y  L  O
A  U  C  U  S  M  P  P  O  H  S  E  R  M  V
L  T  A  T  H  O  U  I  R  A  A  P  O  R  U
A  S  T  R  L  R  C  A  T  O  E  S  C  E  L
H  T  P  O  K  A  C  C  L  U  S  T  I  A  E
T  M  E  L  C  E  P  R  M  U  L  M  U  U  R
A  I  C  S  M  C  M  E  R  E  A  U  R  E  M
L  L  E  E  A  M  R  O  S  O  A  C  M  C  A
R  I  R  M  L  I  T  M  H  U  L  A  T  E  P
E  G  E  E  P  A  N  I  C  L  E  C  A  M  Y
```

CAPITULUM	RACEME
CARPEL	RECEPTACLE
COROLLA	SEPAL
CORYMB	STALK
MONOCHASIUM	STIGMA
OVULE	THALAMUS
PANICLE	TORUS
PETAL	UMBEL

```
L N A G R R N A B N R R G Y A
U P R I A U U O A R A G E I J
O U I A E G I A O V I A E B U
K A A N A W R N N N A N R N R
A I Y I D P U Y G I G I U T I
V R B U U J A M P U A A U U N
A I A J G I A U U R R A R N G
U W R K U G N R A J A A A U A
D P A I W A E L U L W K I V R
A A N R B A A R I P A A G I I
N G B A G U L P A W W A A V N
G N I P U R M R A U I A A I G
B M N N A U P K L A A R W N A
O J J L U G A U U U U I P I I
N P A N N W B L V I E L A I U
```

ARAKWAL	PINDJARUP
BARANBINJA	PUNABA
BULUWAI	RINGARINGA
DANGBON	TUNUVIVI
INGURA	UALARAI
JIEGARA	UMPILA
JUMU	WAKAWAKA
NOONGAR	YUGGERA

Edible Fish

```
E  S  S  O  R  E  P  H  I  D  L  C  F  E  P
L  A  O  H  H  E  C  I  A  L  P  U  L  J  A
T  C  S  L  W  M  M  P  C  I  I  L  O  B  U
G  A  A  F  E  H  A  L  I  B  U  T  U  T  M
H  R  H  I  S  H  I  U  P  I  I  O  N  E  W
H  P  C  S  C  N  D  T  T  A  C  D  B  D
M  L  F  R  I  H  A  L  E  R  T  T  E  A  L
P  A  E  U  W  F  O  P  T  B  O  I  R  A  F
A  P  C  A  E  H  T  U  P  C  A  U  O  L  F
A  R  T  K  H  N  I  A  D  E  O  I  T  O  E
S  A  O  U  E  R  H  T  C  R  R  D  T  C  D
A  T  S  A  N  R  N  T  I  G  O  M  O  W  A
O  R  T  S  S  A  E  N  A  N  T  I  G  D  E
S  A  L  M  O  N  E  L  S  T  G  T  A  E  C
H  R  L  Y  R  O  D  N  H  O  J  C  T  I  H
```

CARP	PLAICE
CATFISH	SALMON
COD	SNAPPER
FLOUNDER	SOLE
HALIBUT	TROUT
JOHN DORY	TUNA
MACKEREL	WHITEBAIT
PERCH	WHITING

```
I  N  A  S  H  Y  R  A  L  L  I  T  I  R  F
A  A  N  H  U  Y  G  A  R  L  I  C  C  C  I
H  N  I  C  C  L  O  T  E  S  I  A  H  G  E
M  O  E  L  Y  L  U  O  H  N  M  I  E  A  N
S  O  C  M  L  C  I  C  D  O  N  T  L  L  S
C  H  N  T  O  U  L  A  N  C  C  U  F  T  I
N  H  D  T  C  N  F  A  H  U  A  P  Y  O  L
P  E  I  S  B  F  E  E  M  R  N  L  R  N  L
A  O  I  O  O  R  R  A  L  E  I  A  R  I  Y
T  U  R  D  N  I  E  S  I  L  N  I  R  A  R
N  U  I  D  N  O  U  T  I  S  C  I  L  L  A
S  L  L  C  W  C  D  H  I  N  O  I  A  O  M
L  S  H  I  O  O  F  O  D  A  I  H  O  O  A
L  E  N  R  P  L  N  T  X  S  M  S  W  H  S
E  C  C  S  O  O  O  S  N  A  N  L  E  I  N
```

AMARYLLIS	GALTONIA
ANEMONE	GARLIC
CHINCHERINCHEE	LILY
CHIONODOXA	MONTBRETIA
CROCUS	RANUNCULUS
CYCLAMEN	SCILLA
DAFFODIL	SNOWDROP
FRITILLARY	TULIP

Spiders

```
A U C E L L A R W Z P A I P U
F R C K C A B D E R U D B L B
I A B O Z E V A C E I D J W L
S R A E M R R R L K W U I E A
H R A R Z M I T G I M A S M C
I E E G W D O N U P H U E B K
N E D V R R I N I R L B E E W
G R H C A R O N H C R N E W I
W C M H E E G J E O A E V Y D
O O I D R W W R C W U O T R O
L W N T W U N B I N G S S E W
F A O W R W L U R D W B E S H
W E D H O B O U T O L W D R A
I U B R R E D W I D O W R U L
B T B G M U D W D R U W S N W
```

BLACK WIDOW
BROWN RECLUSE
CAVE
CELLAR
COMMON HOUSE
FISHING
HOBO
JUMPING

NURSERY WEB
ORBWEAVER
RED WIDOW
REDBACK
TURRET
WANDERING
WOLF
ZEBRA

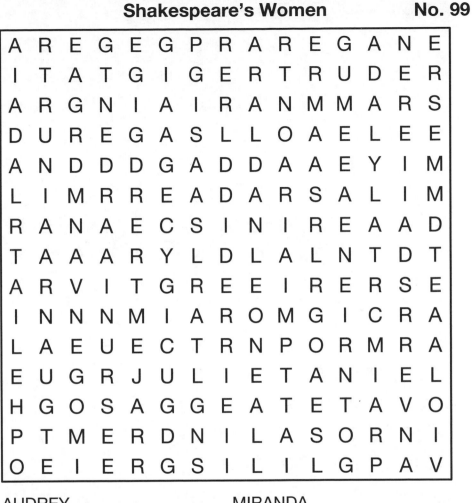

```
A R E G E G P R A R E G A N E
I T A T G I G E R T R U D E R
A R G N I A I R A N M M A R S
D U R E G A S L L O A E L E E
A N D D D G A D D A A E Y I M
L I M R R E A D A R S A L I M
R A N A E C S I N I R E A A D
T A A A R Y L D L A L N T D T
A R V I T G R E E I R E R S E
I N N N M I A R O M G I C R A
L A E U E C T R N P O R M R A
E U G R J U L I E T A N I E L
H G O S A G G E A T E T A V O
P T M E R D N I L A S O R N I
O E I E R G S I L I L G P A V
```

AUDREY	MIRANDA
CELIA	NURSE
CLEOPATRA	OPHELIA
DESDEMONA	REGAN
GERTRUDE	ROSALIND
IMOGEN	TITANIA
JULIET	VIOLA
MARGARET	VIRGILIA

Types of Song

```
L O S C A E M E H T N A H E A
T L E A H S V Q Y B L U E S Y
H H Y I V E P I Q A I A A N G
C L Y E C B R I T T N A H C E
A C T M I E S E R A G R L U L
T L A T N A D L Q I T L A U E
A O R N R N U A Y U T I A L M
T R D O T A Q A N I I U C T H
N A Y U T I L D E E R E A E N
A C C P C E C N A L R N M L R
C C E E D U Y L S L A E I L L
A E R N O I T I E C L N S L L
U B U B R P T E C E A A I C B
A O E M E Y I M T N P D B U R
R E N A C R D R I A I E T I A
```

AIR	DITTY
ANTHEM	ELEGY
BALLAD	HYMN
BLUES	RECITATIVE
CANTATA	REQUIEM
CANTICLE	ROUNDELAY
CAROL	SERENADE
CHANT	SPIRITUAL

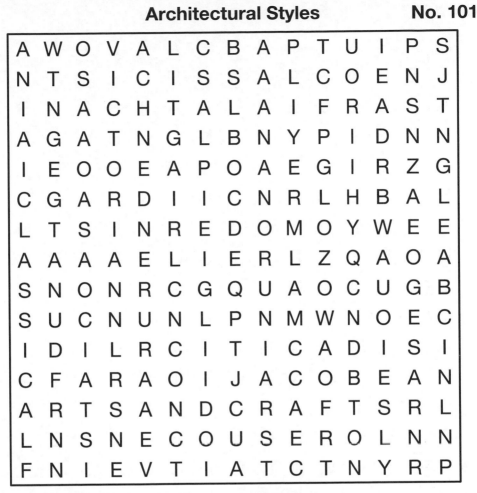

```
A W O V A L C B A P T U I P S
N T S I C I S S A L C O E N J
I N A C H T A L A I F R A S T
A G A T N G L B N Y P I D N N
I E O O E A P O A E G I R Z G
C G A R D I I C N R L H B A L
L T S I N R E D O M O Y W E E
A A A A E L I E R L Z Q A O A
S N O N R C G Q U A O C U G B
S U C N U N L P N M W N O E C
I D I L R C I T I C A D I S I
C F A R A O I J A C O B E A N
A R T S A N D C R A F T S R L
L N S N E C O U S E R O L N N
F N I E V T I A T C T N Y R P
```

ARTS AND CRAFTS	IONIC
BAROQUE	JACOBEAN
BYZANTINE	MODERNIST
CLASSICAL	NEOCLASSICIST
COLONIAL	PALLADIAN
EDWARDIAN	PERPENDICULAR
GEORGIAN	TUDOR
GOTHIC	VICTORIAN

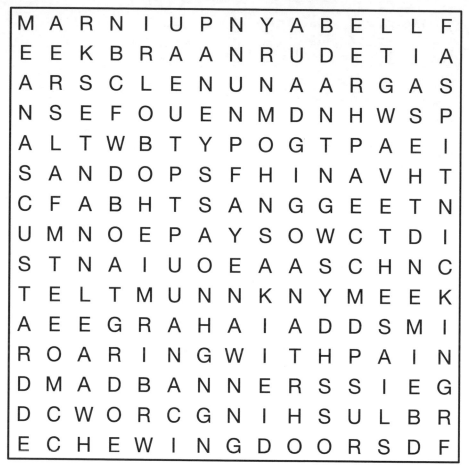

```
M  A  R  N  I  U  P  N  Y  A  B  E  L  L  F
E  E  K  B  R  A  A  N  R  U  D  E  T  I  A
A  R  S  C  L  E  N  U  N  A  A  R  G  A  S
N  S  E  F  O  U  E  N  M  D  N  H  W  S  P
A  L  T  W  B  T  Y  P  O  G  T  P  A  E  I
S  A  N  D  O  P  S  F  H  I  N  A  V  H  T
C  F  A  B  H  T  S  A  N  G  G  E  E  T  N
U  M  N  O  E  P  A  Y  S  O  W  C  T  D  I
S  T  N  A  I  U  O  E  A  A  S  C  H  N  C
T  E  L  T  M  U  N  N  K  N  Y  M  E  E  K
A  E  E  G  R  A  H  A  I  A  D  D  S  M  I
R  O  A  R  I  N  G  W  I  T  H  P  A  I  N
D  M  A  D  B  A  N  N  E  R  S  S  I  E  G
D  C  W  O  R  C  G  N  I  H  S  U  L  B  R
E  C  H  E  W  I  N  G  D  O  O  R  S  D  F
```

BLUSHING CROW
BUNNY PHONE
CAT FLAP
CHEWING DOORS
DAMP STEALER
FIGHT IN YOUR RACE
LEAD OF SPITE
MAD BANNERS

MAD BUNNY
MEAN AS CUSTARD
MEND THE SAIL
PIT NICKING
READY AS A STOCK
ROARING WITH PAIN
SHAKE A TOWER
WAVE THE SAILS

```
T P V R E D N I F W E I V G D
D E P T H O F F I E L D W G D
N T R F O C U S D E D I T D S
V I G N E T T I N G D E X T R
O X S T E P R I I E L L L W E
T R R R F L P M A E T S T X F
A E R I D O L N P W I I P U P
P T R P A I G H F R A O F L O
T T R O F L O N X R S R T O T
R U O D E T L N T U S O L T S
E H T L O R T R R T U G I S F
H S E L D W O E V G G V R D N
O N E R I P A E G R F V H O T
S N E P A C S D N A L S O P E
S O E F S N A P S H O T O M E
```

DEPTH OF FIELD
EXPOSURE
FILM
FOCUS
F-STOP
LANDSCAPE
PORTRAIT
RAW

SHUTTER
SLR
SNAPSHOT
TELEPHOTO LENS
TRIPOD
VIEWFINDER
VIGNETTING
WIDE-ANGLE LENS

Toy Box

```
I L S T E E T S G A A B T T A
S O U Z O E C B U L O A I D P
A B C G I S C S F D E U M O N
A C H E M I S T R Y S E T W E
R T T F L E B O A R D G A M E
S T E I L Z J A A S N T B T B
G C K S O Y Z C I I E N T K E
L Z C I T N I U N R R A B T P
L L A B W N F N P O P G T I N
B T R I G P I I G W A L E W L
P U L C P P S A G D A G A L C
K B A Y S T S G P U I S P N A
A R C C O P Y O Y E R S G O E
R A O L O D R A O B Y E K I I
C I E E K P N E P O R P M U J
```

ACTION FIGURE
AIRPLANE
BALL
BAT
BICYCLE
BOARD GAME
CHEMISTRY SET
FLYING DISK

JIGSAW PUZZLE
JUMP ROPE
KEYBOARD
PAINT SET
RACING CAR
RACKET
SPINNING TOP
WATER PISTOL

```
H W I O K N E B K E T W X K K
O A H U F S A N E U A K C C K
T E E P V B B K C P H I O H N
E B B E U F B R H C K L K B O
H C N I L C E T S E B K D X C
E A U L C P U W S B E L R O K
E E V O P O E U O E E A A B O
E W C U S E O X R L N C U W U
K U A B P H I E E D B L G O T
R H R K D N F K O B U O H D D
A O I N G E E W R W P K T A L
R C U R R P C E P E O R U H K
K O I T O S A D I O K E O S W
R N J A B K X S H K O P M S K
G O W O B L E E S R E V E R O
```

BLOCK	REFEREE
BOXING RING	REVERSE ELBOW
BREAK	ROUNDHOUSE KICK
CLINCH	SHADOW-BOX
HOOK	SOUTHPAW
JAB	SWEEP KICK
KNOCKOUT	TEEP
MOUTH GUARD	UPPERCUT

Spies

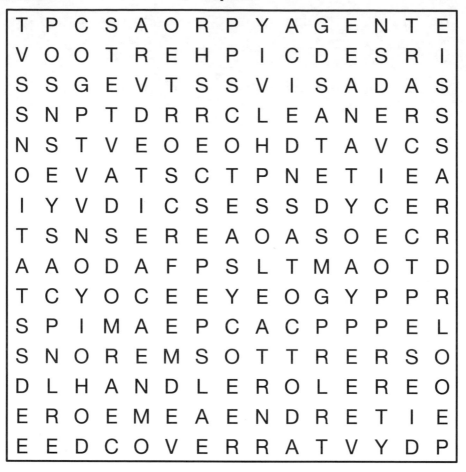

```
T P C S A O R P Y A G E N T E
V O O T R E H P I C D E S R I
S S G E V T S S V I S A D A S
S N P T D R R C L E A N E R S
N S T V E O E O H D T A V C S
O E V A T S C T P N E T I E A
I Y V D I C S E S S D Y C E R
T S N S E R E A O A S O E C R
A A O D A F P S L T M A O T D
T C Y O C E E Y E O G Y P P R
S P I M A E P C A C P P P E L
S N O R E M S O T T R E R S O
D L H A N D L E R O L E R E O
E R O E M E A E N D R E T I E
E E D C O V E R R A T V Y D P
```

AGENT	DROP
ASSET	HANDLER
CIPHER	MOLE
CLEANER	PASSPORT
CODE	SECRET
COVER	SPYMASTER
DEFECTOR	STATION
DEVICE	VISA

```
N I Y I R Y R R A P N O F S P
E N G A R D E O T N I E F Y O
R L S E Y E S E E M M O O I M
T N P R E S R F G M D I E S M
S R M M A E D A R I I M D E E
E Y R C I I P I Y R U J I S L
S G I A Y S A E S E E N J I P
P R M T S P A L S E S E S M E
E D E A S E E I I N I R E I
P T B D O M M A D O I G G E T
I E S R I E A E D A F A A M A
R S E O R L R D D G I T I G O
M E Y A P R G R L Y E I D R E
C D Y E S I D D K C A T T A A
I I N O A O R T D I E O E S N
```

ATTACK	JURY
DISENGAGE	PARRY
EN GARDE	POMMEL
EPEE	REMISE
FEINT	RICASSO
FOIL	RIPOSTE
GLIDE	SABER
INSIDE	SIMPLE

Bond Villains

```
R K G A A G N A M A R A C S O
E R N K M A C R E V R E E G D
N L E A S R W R M O L V R E K
A G E L Y V B E A L A A F V I
R M O K U L H I B R L D F V L
D G G L T N E L G O M I I R J
A K O A D R O V I L U G H A U
R O R S Y F A L E A N L C O L
E V N I E T I K A R E L E U I
T A V L S M F N I E T S L L U
I L D U E T G A G N A C D S S
H U G O D R A X U E G O E I N
W A T O L G A T B G R L G L O
R C L E A D O T O L T R I V A
M R T S O A U M F S T L Y A A
```

ALEC TREVELYAN
BLOFELD
ELEKTRA KING
EMILIO LARGO
GENERAL ORLOV
GOLDFINGER
GUSTAV GRAVES
HUGO DRAX

JULIUS NO
KRISTATOS
LE CHIFFRE
MR BIG
MR WHITE
RAOUL SILVA
RENARD
SCARAMANGA

```
V T K R O W T E N Y M M T T B
N V T N C O V C V A N E B T O
N O T B B V T B I S E C M R G
S T O C U N O S H K Y C O E C
E C C E N N B H Q N W N T O T
R N O V T V I O V S V T T C S
S C B X T A T V C N V O O A N
S N E I O E E T I B C S K B V
N T S W G F M R H S B E N C V
V O A O C S E O C P I V O X S
C C E O R E S E I T C O C P V
N C S W E E H S T W N E N T O
U T E I N T C T B S N E O O R
E V O V O V N V C E O V I E C
Y U T I P C M O V I E S S G B
```

ABC	ME-TV
CBS	MOVIES
CNN	MYNETWORK TV
COSI TV	NBC
CREATE	PBS
FOX	QVC
GET TV	THE CW
HSN	UNIVISION

Skipper Butterflies

```
L R N G R E Y M I S A O A M L
R A E D N C N K B H C I D E I
V S D N U M A N U E L H E L V
F T D E L I A T G N O L D D D
D E R E D W O P S A X E T C E
D S H A D N I F R O D R H L L
A S E N I N A Y S N C E S L Z
E U R L U L A B A I C D H G Z
I R M B C D S B S K H D L A I
A D I A I A N I E O R S D O R
E E T I V E O R D K S E E D G
K E G B D A E D L E I I D L M
Z S K L U D U U D N A P H S I
K C O M M A H G H O W T S C W
A G L B R T S F K L F E B S V
```

CHECKERED	HERMIT
CHISOS-BANDED	HOARY
FALCATE	LONG-TAILED
GOLD-COSTA	MANUEL
GOLDEN-BANDED	RUSSET
GRIZZLED	SPIKE-BANDED
GUAVA	TEXAS-POWDERED
HAMMOCK	TRAILSIDE

```
I  H  H  E  A  O  M  E  T  N  S  R  U  E  N
A  E  E  R  O  S  T  S  E  R  A  A  R  G  S
U  P  A  S  E  D  U  A  H  S  I  R  P  A  S
A  H  T  E  U  L  I  E  N  S  T  O  I  N  P
N  A  O  H  O  L  R  O  U  T  S  O  H  Y  U
A  E  S  E  A  M  T  E  N  E  U  O  E  M  S
E  S  A  U  E  N  R  S  I  Y  N  L  L  E  E
L  T  U  S  S  E  A  D  H  O  S  U  I  D  G
O  U  H  U  N  A  O  T  L  A  D  U  O  E  A
S  S  M  E  E  N  O  L  O  O  A  U  S  N  H
R  P  A  S  I  N  O  D  A  S  O  H  E  Y  A
N  E  Y  O  U  P  S  A  L  T  A  I  S  S  R
E  O  E  U  A  O  C  E  A  N  U  S  Y  A  S
A  U  I  S  A  S  O  U  D  E  G  E  D  Y  C
D  M  R  S  E  D  A  H  H  R  U  A  M  L  P
```

ADONIS
AEOLUS
APOLLO
ARES
ATLAS
DIONYSUS
EROS
GANYMEDE

HADES
HELIOS
HEPHAESTUS
HERMES
NEREUS
OCEANUS
POSEIDON
THANATOS

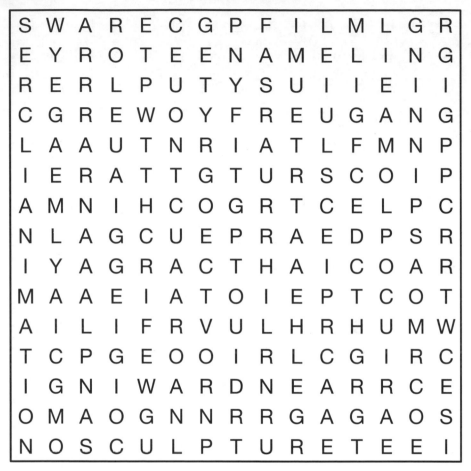

```
S W A R E C G P F I L M L G R
E Y R O T E E N A M E L I N G
R E R L P U T Y S U I I E I I
C G R E W O Y F R E U G A N G
L A A U T N R I A T L F M N P
I E R A T T G T U R S C O I P
A M N I H C O G R T C E L P C
N L A G C U E P R A E D P S R
I Y A G R A C T H A I C O A R
M A A E I A T O I E P T C O T
A I L I F R V U L H R H U M W
T C P G E O O I R L C G I R C
I G N I W A R D N E A R R C E
O M A O G N N R R G A G A O S
N O S C U L P T U R E T E E I
```

ANIMATION   GRAPHICS
ARCHITECTURE   ORIGAMI
CARICATURE   PORTRAITURE
COLLAGE   POTTERY
DRAWING   SCULPTURE
ENAMELING   SPINNING
ENGRAVING   TAPESTRY
FILM   WOODCRAFT

```
D T Y O A S A P N P I S P T N
T W A S H I N G P O W D E R B
L S T E A M I R O N E H D E E
A S T L B S A H R L T R S N T
E L C U M O O N C T A I E E E
I R E S M T R Y G O S N H T K
H N A P W B C D B L L S T F S
B R G A A N L G R U E E O O A
R T T C I C N E O A R C L S B
Y E P P B I E T D E W Y C C H
R T S A N C B N D R H C I I S
T A A O I E I N I A Y L W R A
T I R S W O U H C B C E S B W
O I G C O A T H A N G E R A G
W E N I L G N I H S A W B F C
```

CLOTHES
COAT HANGER
FABRIC SOFTENER
HOT WATER
IRONING BOARD
LAUNDERETTE
MANGLE
RINSE CYCLE

SOAP CAPSULES
SPIN CYCLE
STEAM IRON
TUMBLE DRYER
WARDROBE
WASH BASKET
WASHING LINE
WASHING POWDER

Bones in the Body

```
F M L B R L F T T T T O S M S
E I A L T S A R E E A T E A U
M N E E V R U V O E R T H B M
A C D L M E L I P N A D A M A
L U A L A E R E D T T L P T L
B S L T N P L T A A M A T E L
R R B E D V R R E R R V L M E
S B R B I L S A S B E I A P T
B S E S B A R S C U R P P O A
P R D A L R L A T A R A T R P
R R L U E A P R L E T E R A R
I T U U D R I U U H R E M L A
T U O A R T B B A M I N M U E
U T H E M I V R I U E D U I H
S R S E F R E B A T A F I M E
```

FEMUR
FIBULA
FRONTAL
HUMERUS
INCUS
MANDIBLE
METACARPAL
METATARSAL

PATELLA
PELVIS
RADIUS
SHOULDER BLADE
STERNUM
TEMPORAL
TIBIA
VERTEBRA

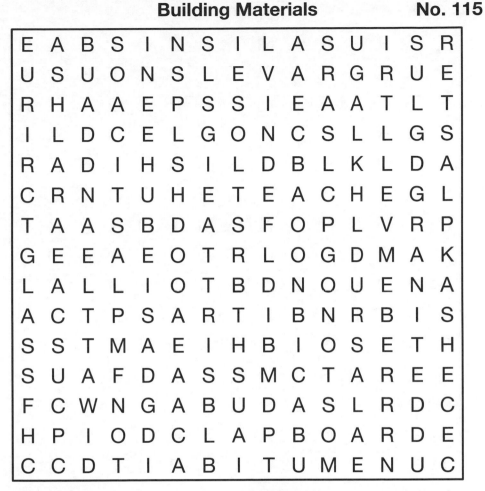

```
E  A  B  S  I  N  S  I  L  A  S  U  I  S  R
U  S  U  O  N  S  L  E  V  A  R  G  R  U  E
R  H  A  A  E  P  S  S  I  E  A  A  T  L  T
I  L  D  C  E  L  G  O  N  C  S  L  L  G  S
R  A  D  I  H  S  I  L  D  B  L  K  L  D  A
C  R  N  T  U  H  E  T  E  A  C  H  E  G  L
T  A  A  S  B  D  A  S  F  O  P  L  V  R  P
G  E  E  A  E  O  T  R  L  O  G  D  M  A  K
L  A  L  L  I  O  T  B  D  N  O  U  E  N  A
A  C  T  P  S  A  R  T  I  B  N  R  B  I  S
S  S  T  M  A  E  I  H  B  I  O  S  E  T  H
S  U  A  F  D  A  S  S  M  C  T  A  R  E  E
F  C  W  N  G  A  B  U  D  A  S  L  R  D  C
H  P  I  O  D  C  L  A  P  B  O  A  R  D  E
C  C  D  T  I  A  B  I  T  U  M  E  N  U  C
```

ALUMINUM	GRAVEL
ASBESTOS	HARDBOARD
ASHLAR	PLASTER
BITUMEN	PLASTIC
CINDER BLOCK	ROOF TILE
CLAPBOARD	SAND
GLASS	SHINGLE
GRANITE	WATTLE AND DAUB

Scarves

```
T T R P K A M T N O O I T A U
F A E A E D P K I R Z T K L A
E T T L E L M D A P A O T G R
T A R A E T A R B P P B B A E
L L O T H N I G M A R E H E B
S L F I G U A A N A O C T E R
B I M N M R N D M I O A P R F
A T O E L T O K A U T A A O I
B H C B I E A A S I F H I C C
U H E L K E R M L E U F G K H
S R L K S A R D A M H S L I U
H A R R S T O L E C Z C K E N
K R S U A E R E H C L E B H R
A T N E C K A T E E G L G I R
T R A N U U R T O N G T A C R
```

BABUSHKA	NECKATEE
BELCHER	NIGHTINGALE
COMFORTER	ORARIUM
DOEK	PALATINE
FICHU	REBOZO
MADRAS	STOLE
MANTILLA	TALLITH
MUFFLER	TIPPET

```
I  M  I  S  O  S  E  H  G  J  J  S  R  N  U
A  J  N  E  A  C  E  U  L  C  E  E  M  H  A
M  M  M  I  C  M  I  J  M  A  L  J  M  O  S
S  O  S  V  A  N  S  E  E  H  A  S  S  C  S
R  O  I  J  E  C  C  O  A  D  Y  J  O  U  T
U  E  N  V  P  I  S  N  N  A  L  R  S  C  U
O  U  E  O  D  U  T  S  A  R  A  S  S  H  N
N  R  E  Y  A  Y  E  I  S  T  I  L  E  E  R
E  E  R  E  A  S  C  S  N  C  S  L  S  S  E
E  U  L  L  A  N  S  C  R  E  E  I  I  L  C
E  P  L  H  N  R  H  A  R  N  L  A  R  Y  H
R  I  I  E  I  U  N  S  N  R  E  L  A  T  O
R  D  E  B  S  I  H  T  I  J  L  K  P  I  N
D  H  T  E  I  L  U  J  O  R  C  O  H  E  E
S  E  P  O  L  E  N  E  P  U  K  P  S  I  N
```

ECHO	NARCISSUS
EURYDICE	PARIS
GUINEVERE	PENELOPE
HELEN	RADHA
JULIET	ROMEO
KRISHNA	SAMSON
LAYLA	THISBE
MAJNUN	TRISTAN

Wading Birds

```
O P C N S S E I M E A R L O S
B E O N N E N N I I P R F I T
N P I T E E P O R A L A H P I
B P K T N R L R T L M N I I T
E A S E I I N S I A F A M T K
K H I B D T T B P H T S T N B
E K I T S O N S I F S T A P W
I S O I R O R D K N R H L T O
N N E K O O R C R N S I U E S
K I S P I I O N O N M A S T R
T D S O B C T I E P T E R G E
R B R F D O N E K F O I S B I
S E R O L T R I P S F F U R S
W U O U I G N N R E T T I B P
S W O L T O R E P I P D N A S
```

BITTERN

EGRET

GREENSHANK

IBIS

KNOT

LIMPKIN

PHALAROPE

RUFF

SANDPIPER

SNIPE

SPOONBILL

STINT

STORK

SURFBIRD

TATTLER

WOODCOCK

```
R D S A L S R I D S S U D E T
Y N C G Y L I M A F R Y P D E
E D S C A R D S G A R N K O E
D A P K A N G E L T G C R S S
K S Y R A G N I F F U T S R N
E F E E E E F P A T D S E S O
N S K E K S T S U E S F U E I
F E A G G R E A K D S E K V T
O I C R N I U N N I D G R L A
S T I P D I F T T S L I P E R
E R F F O R K T K S R E N A O
L A F D T N D C S R N L T G C
S P F R S R O E O O E S K D E
G F E E D N T T E T S I S L D
N E T T A F F L T O S S T R U
```

ANGEL	PARTIES
CAKE	PRESENTS
CARDS	PUDDING
DECORATIONS	STAR
ELVES	STOCKING
FAMILY	STUFFING
GIFTS	TREE
NOEL	TURKEY

```
A R C I T C T C A R T N O C C
O N A L A N I T F I S I C T O
I E E S A D N I N T L T A A D
A T E T N C N O T I I C N I I
C I L U T A I T I U N A O I F
R I R B N I C L N T T V N O I
U T D C C R R E B U C E I I E
A L I I E E E W R I I E S T D
I A V I S L N A N I B E L A B
L I S I R A L I A U O L I E L
L I C N T S U R T I T N A I C
E X L A N O I T A N R E T N I
E V L Y R A T I L I M C C N C
R A T I F I E D I A U N C O A
V I T S O R A L N T R S T T U
```

ANTITRUST
BIBLICAL
CANON
CASE
CIVIL
CODIFIED
CONTRACT
ELECTION

EXCISE
FINANCIAL
INTERNATIONAL
MILITARY
NATURAL
ORAL
RATIFIED
UNWRITTEN

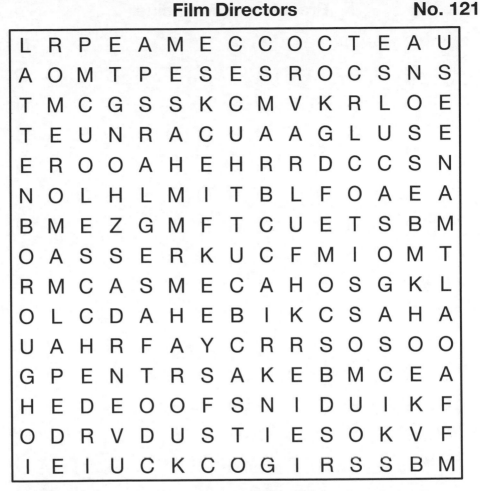

```
L R P E A M E C C O C T E A U
A O M T P E S E S R O C S N S
T M C G S S K C M V K R L O E
T E U N R A C U A A G L U S E
E R O O A H E H R R D C C S N
N O L H L M I T B L F O A E A
B M E Z G M F T C U E T S B M
O A S S E R K U C F M I O M T
R M C A S M E C A H O S G K L
O L C D A H E B I K C S A H A
U A H R F A Y C R R S O S O O
G P E N T R S A K E B M C E A
H E D E O O F S N I D U I K F
O D R V D U S T I E S O K V F
I E I U C K C O G I R S S B M
```

ALTMAN	KAUFMAN
ATTENBOROUGH	KUBRICK
BESSON	LEIGH
COCTEAU	LUCAS
DE PALMA	ROMERO
FOSSE	SCORSESE
HITCHCOCK	SODERBERGH
IVORY	ZEMECKIS

```
Y R S C I R T A I R E G S A N
L R U N I M E T Y Y Y C L O O
Y O T S E A M G Y G I C R B N
R O R S L T O U O O O T S A C
T Y E O I L M L N L H T R C O
A Y I G O T O R O O E G O Y L
I O R H O I N R P T L E T A O
D P T T D B E E R N O O U A G
O A G R A C D I D O O D G D Y
P L A S T I C S U R G E R Y E
S C O A C S H O T E A M R O I
S M L S C O Y C D G O E S I P
C H I R O P O D Y G O L O R U
M B E Y S O C E T S R E R S N
Y T L Y R T E M O T P O I T S
```

CARDIOLOGY
CHIROPODY
COLORECTAL
DENTISTRY
GERIATRICS
GERONTOLOGY
IMMUNOLOGY
OBSTETRICS

ONCOLOGY
OPTOMETRY
ORTHOPEDICS
PATHOLOGY
PLASTIC SURGERY
PODIATRY
PSYCHIATRY
UROLOGY

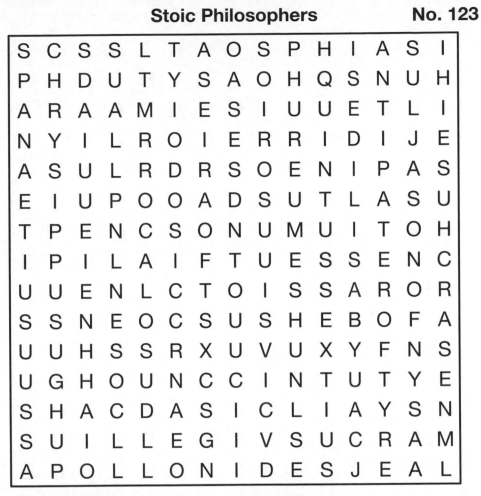

```
S C S S L T A O S P H I A S I
P H D U T Y S A O H Q S N U H
A R A A M I E S I U U E T L I
N Y I L R O I E R R I D I J E
A S U L R D R S O E N I P A S
E I U P O O A D S U T L A S U
T P E N C S O N U M U I T O H
I P I L A I F T U E S S E N C
U U E N L C T O I S S A R O R
S S N E O C S U S H E B O F A
U U H S S R X U V U X Y F N S
U G H O U N C C I N T U T Y E
S H A C D A S I C L I A Y S N
S U I L L E G I V S U C R A M
A P O L L O N I D E S J E A L
```

ANTIPATER OF TYRE
APOLLONIDES
ARATUS OF SOLI
BASILIDES
CHRYSIPPUS
DARDANUS
EUDROMUS
HELIODORUS

HIEROCLES
JASON OF NYSA
JULIUS CANUS
MARCUS VIGELLIUS
MNESARCHUS
PANAETIUS
POSIDONIUS
QUINTUS SEXTIUS

Plain Sailing

```
O T L S D Y O S S I N O I A
D E S E E E L T I I M O E E S
A L S S D H L N H M P P Y S Y
S Y U S A Y V L O P A O T T D
N S T L E H Y R U N S N I D C
I D T I H N S E C L S M D N E
S T I L L N E S S Y I M I C L
D I Q U O L S T E N V N C O S
S E V E O O I F A N E L A M P
P N H I C I O U R D T N L P L
E D E S D I Q L Q E E E P O N
V S E S U E I N N N P S I S L
S M O O T H N E S S A O Q U S
C A L M N E S S N L N R S R Q
S D I S P A S S I O N A T E E
```

CALMNESS
COMPOSURE
COOL-HEADED
DISPASSIONATE
EQUANIMITY
HUSHED
IMPASSIVE
LULLED

PLACIDITY
QUIETNESS
REPOSE
RESTFULNESS
SEDATENESS
SMOOTHNESS
STILLNESS
TRANQUILLITY

```
Y T E S T L I N O L E U M L S
N E E L E C R U C O S E R O E
R P M I E T O E Y C L T F N F
I R E A T R A R B N P T S C R
L A Z U P E E N K B W E A U C
L C E H N L D L I O U A T I B
I E I A I A U L O M I R E E C
R H R E A S X D E L A R I S E
M S F L L W A M A S I L A R R
P U E B E C R X I E G V E E A
O L T R C T I C O N I U T R M
I P A A R R G H U N S L R N I
U I L M O E T N Y X Y T I I C
R L S A P E R L R I E L E L X
F I R L I R O U S A A M I R R
```

AXMINSTER
CARPET
CERAMIC
CORK
FRIEZE
LAMINATE
LINOLEUM
MARBLE

PLUSH
PORCELAIN
RUBBER
RUG
SAXONY
SLATE
SOFTWOOD
VINYL

```
B E H R K O S S T E S C N R N
L E E R G G C S K A P E G D F
F E F S N T N E R N W D A H B
I R A I H P T O L T I C O C O
R T R S E K G E O A K W E L H
L U A N F A C N I R C A R U R
T L D A H E D N I N D S T A B
L I A T E F R C A K S S A A D
E L Y N O S I D E L W T R P K
O P L L E B R F A O P A E R R
E S E T R A C S E D A E H I D
F R A N K L I N R E N D W P N
K L R U E T S A P R G A A B S
E D E S N G S E S A H E S O A
E N R R E L P E K N N N R E S
```

BELL	HAWKING
BOHR	KEPLER
DARWIN	NEWTON
DESCARTES	PASCAL
EDISON	PASTEUR
EINSTEIN	PLANCK
FARADAY	PYTHAGORAS
FRANKLIN	TURING

```
L R N E I P L I T S L B A R T
I O C T L B O T T I C E L L I
E S I O I T T E Z N E R O L O
O L I P T R D O T T O I G L H
H L O I P T L O R D I D L I T
O I E N I I E O C I N E O I D
L L T G I D L R N I T L L C A
B I E E N A A I O A L L E L T
E L P A O A L V N T E E B L O
I L L A H L L O I R N E G N O
N O P T A P D E O N R I A N L
H I A V I I A N H T C S T N A
T A A E H B G R I C I I A V O
I C T T I I V I P P I O O L A
A R L O S A N I S S E M A D O
```

ALBERTI
ANGELICO
BOTTICELLI
CAVALLINI
DA MESSINA
DA VINCI
DONATELLO
GIOTTO

HOLBEIN
LIPPI
LORENZETTI
MICHELANGELO
PISANO
RAPHAEL
SIGNORELLI
TINTORETTO

Popular Irish Names

```
A D H N M A N I A I A A L N I
S I G M A A A N E A V E A M I
R R A A I I I N O B L H I A L
S A R I A A O I L A B C A E E
F C R C M O S R R O N E H V N
R V A H A I H A I A N N A E N
E D D A N O I S A E G I M A N
V B D N O C I I A R N A O V E
H D S R E A N M I D I A I A F
M A E D N D A C H L I E I V I
V A A A A E I A H E A A A C O
R O N A E N N A I I I A A L A
M B E A H A I O A E H I A I S
G H E E A S E E C O N O R S A
I C N I I L H E L S V I N M A
```

AIDEN	DANIEL
ANNA	DARRAGH
AOIFE	LIAM
AVA	MAEVE
CAOIMHE	NIAMH
CIAN	OISIN
CIARA	SEAN
CONOR	SIOBHAN

```
N Y E E G R A I G G A I L H C
O L D S T Y L E C G O T H I C
O D E L I T E I S I I I V B A
P E N B R E V I E R L A O U O
O I M B I P I A P I O U M Y R
O O M E P E A R L N R B E B L
C I A A R Q P Y O G R E G L R
O R I I U A B C E L P R P Q O
D Y A A E U L O O I Q S U N N
T E D A R L I D C D P N T O O
O C O O M S E A N R O E H G N
S E M I B O L D A I A B O A A
N S Y I S D G I N N I N B R C
C O L A G P D I D O I O M A N
N U E G N E M T L I R E S P R
```

BOURGEOIS	OLD STYLE
BREVIER	PARAGON
CANON	PEARL
ELITE	PICA
EMERALD	QUAD
GEM	RONDE
GOTHIC	RUBY
MINION	SEMIBOLD

Gymnastics

```
E B A L A N C E P H A G I L L
P O M M E L H O R S E N F R E
F R L P G T U L E A F S A Y E
N N U X H T R I D H L A S P H
H E T R U A L I A T O G O A W
T A B M T N S N L R O I A R T
G A B E R M D U R E R L P A R
N L T U O G A R E L E I P L A
E E T U U S S P L O X T A L C
R U N A R L O A B M E Y R E T
T T R E A R N H S U R R A L I
S D M O A D A P R I C N T B I
L O O B I R G F B A I U U A S
S U X N O M A L D R S U S R A
E L G G A P I L F E E G N S L
```

AGILITY	LANDING
APPARATUS	PARALLEL BARS
BALANCE	POMMEL HORSE
CARTWHEEL	ROPE
DISMOUNT	SOMERSAULT
FLIP	STRENGTH
FLOOR EXERCISE	TUMBLE
HAND GUARD	TURN

```
M  Y  I  E  M  I  R  I  A  I  I  R  I  B  A
R  V  O  M  N  I  N  U  E  J  Y  I  I  N  A
I  J  A  M  L  I  L  C  B  I  E  R  I  A  A
L  A  M  D  L  A  P  V  E  F  I  G  P  I  A
O  I  E  B  A  N  U  P  Y  O  R  L  S  H  T
Y  S  L  A  H  I  A  R  I  I  R  E  S  U  A
A  E  A  S  S  E  A  I  V  L  N  A  V  S  A
L  N  N  I  R  N  H  H  L  O  I  A  F  A  I
T  Y  E  I  A  A  S  Y  R  O  L  H  A  L  U
Y  L  S  C  M  I  E  C  N  U  E  L  P  I  I
C  O  I  O  T  N  I  A  L  E  I  A  A  L  A
L  P  A  I  L  M  A  H  A  W  A  I  I  A  N
E  O  R  W  L  R  L  B  A  L  E  A  R  I  C
O  B  L  E  R  E  N  A  E  G  E  A  I  R  E
S  E  D  I  R  B  E  H  L  I  A  E  E  A  N
```

AEGEAN
AEOLIAN
BALEARIC
BRITISH VIRGIN
CANARY
FAROE
FIJI
HAWAIIAN

HEBRIDES
LOYALTY
MARSHALL
MELANESIA
MICRONESIA
PHILIPPINE
POLYNESIA
TUVALU

Fast Food

```
I  S  C  I  R  U  S  O  A  R  A  S  N  H  T
D  E  I  R  H  T  C  P  S  R  G  A  C  A  E
B  I  R  U  E  Z  E  O  S  M  B  H  H  M  S
O  R  A  E  G  G  U  L  A  I  I  E  I  B  A
N  F  S  A  G  S  R  A  L  L  R  E  Z  U  N
I  E  S  I  R  R  A  U  I  I  C  C  B  R  D
O  S  R  P  E  S  U  F  B  C  F  U  E  G  W
N  E  C  E  O  R  R  B  I  E  R  H  H  E  I
R  E  G  D  C  I  O  D  N  R  S  E  S  R  C
I  H  A  N  E  E  B  H  I  E  R  E  C  I  H
N  C  B  S  F  E  R  T  N  I  K  M  E  R  F
G  T  W  E  R  G  O  D  T  O  H  C  I  H  I
S  A  A  A  C  C  P  I  Z  Z  A  O  I  A  C
E  C  O  U  O  I  C  E  C  R  E  A  M  H  S
B  O  B  D  E  D  H  C  I  N  I  N  A  P  C
```

BURRITO	HOT DOG
CHEESE FRIES	ICE CREAM
CHEESEBURGER	ONION RINGS
CHICKEN BURGER	PANINI
CHILI FRIES	PIZZA
CRISPS	SANDWICH
FISH FILLET	SODA
HAMBURGER	TACO

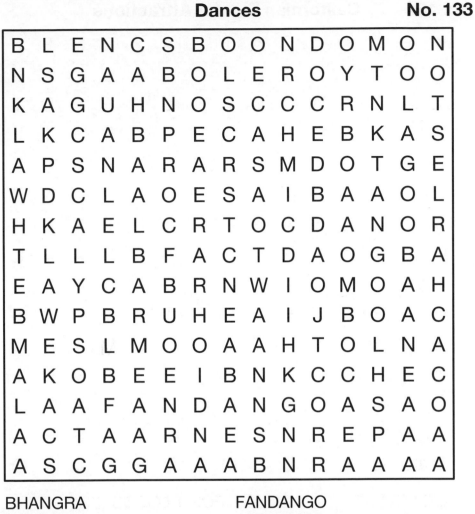

B	L	E	N	C	S	B	O	O	N	D	O	M	O	N
N	S	G	A	A	B	O	L	E	R	O	Y	T	O	O
K	A	G	U	H	N	O	S	C	C	C	R	N	L	T
L	K	C	A	B	P	E	C	A	H	E	B	K	A	S
A	P	S	N	A	R	A	R	S	M	D	O	T	G	E
W	D	C	L	A	O	E	S	A	I	B	A	A	O	L
H	K	A	E	L	C	R	T	O	C	D	A	N	O	R
T	L	L	L	B	F	A	C	T	D	A	O	G	B	A
E	A	Y	C	A	B	R	N	W	I	O	M	O	A	H
B	W	P	B	R	U	H	E	A	I	J	B	O	A	C
M	E	S	L	M	O	O	A	A	H	T	O	L	N	A
A	K	O	B	E	E	I	B	N	K	C	C	H	E	C
L	A	A	F	A	N	D	A	N	G	O	A	S	A	O
A	C	T	A	A	R	N	E	S	N	R	E	P	A	A
A	S	C	G	G	A	A	A	B	N	R	A	A	A	A

BHANGRA	FANDANGO
BOLERO	JITTERBUG
BOOGALOO	LAMBETH WALK
CAKEWALK	MACARENA
CALYPSO	PASO DOBLE
CANCAN	RUMBA
CHARLESTON	SAMBA
DISCO	TANGO

```
W H A A L C A T R A Z B M E Z
L N C L H T U T O E O U U E B
L A P A W O B L S L Y E E D I
W T B A E R L I R E R R S I L
D F U R L B O L G S T R U S E
C O O N E M E A Y S N T M N R
N D L U N A S C R W U L Y E A
W L I A R E T P I W O R A Y E
L R L A K A L A R N C O W L A
W O E L U E L V R I E Y D A W
E W W N L A T D I P N V I N O
W A L K O F F A M E I G M D I
L E G O L A N D H M W T S A U
A S F P O I N T L O B O S R W
B O O Y O S E M I T E L U R O
```

ALCATRAZ
BIG SUR
DISNEYLAND
HOLLYWOOD
LA BREA TAR PITS
LAKE TAHOE
LEGOLAND
PALM SPRINGS

POINT LOBOS
SEAWORLD
TUNNEL VIEW
USS MIDWAY MUSEUM
VENICE BEACH
WALK OF FAME
WINE COUNTRY
YOSEMITE

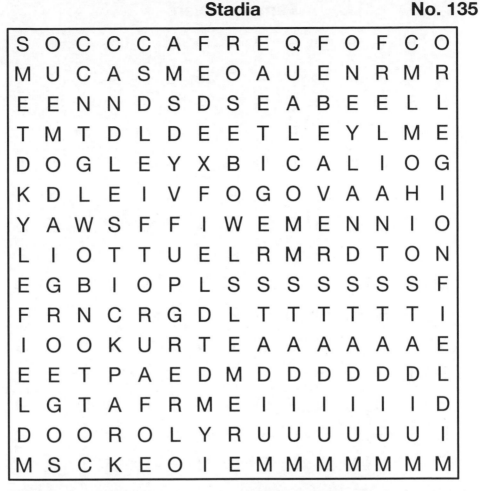

```
S O C C C A F R E Q F O F C O
M U C A S M E O A U E N R M R
E E N N D S D S E A B E E L L
T M T D L D E E T L E Y L M E
D O G L E Y X B I C A L I O G
K D L E I V F O G O V A A H I
Y A W S F F I W E M E N N I O
L I O T T U E L R M R D T O N
E G B I O P L S S S S S S S F
F R N C R G D L T T T T T T I
I O O K U R T E A A A A A A E
E E T P A E D M D D D D D D L
L G T A F R M E I I I I I I D
D O O R O L Y R U U U U U U I
M S C K E O I E M M M M M M M
```

BEAVER STADIUM
CANDLESTICK PARK
COTTON BOWL
FAUROT FIELD
FEDEXFIELD
GEORGIA DOME
KYLE FIELD
LEGION FIELD

METLIFE STADIUM
NEYLAND STADIUM
OHIO STADIUM
QUALCOMM STADIUM
RELIANT STADIUM
ROSE BOWL
SUN DEVIL STADIUM
TIGER STADIUM

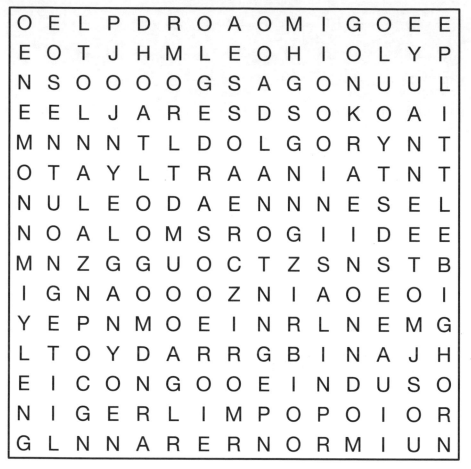

```
O E L P D R O A O M I G O E E
E O T J H M L E O H I O L Y P
N S O O O O G S A G O N U U L
E E L J A R E S D S O K O A I
M N N N T L D O L G O R Y N T
O T A Y L T R A A N I A T N T
N U L E O D A E N N N E S E L
N O A L O M S R O G I I D E E
M N Z G G U O C T Z S N S T B
I G N A O O O Z N I A O E O I
Y E P N M O E I N R L N E M G
L T O Y D A R R G B I N A J H
E I C O N G O O E I N D U S O
N I G E R L I M P O P O I O R
G L N N A R E R N O R M I U N
```

AMAZON   MOSELLE
CONGO   NIGER
DORDOGNE   ORINOCO
INDUS   OUSE
ISIS   RIO GRANDE
JORDAN   TAY
LIMPOPO   YANGTZE
LITTLE BIGHORN   YUKON

```
T C F F T N E O Y Y A A S I T
E O U O H S N U A D A M C S E
S A O R I O T P U K C U S P E
L W B A R L E L A N E W Y Z F
N W R E I Y A L O T E N C A L
U P L E S T F T W E A O O T A
T E E H E L I A T C M W P R N
L I K T S Y O T V P P R H A N
F D B E A I A B L O D R A R E
E L I L S L D I B A R F N T L
W T W K K C M N N E T W T T D
W R E C R E D W A S R L I R E
F U S I N H E E C L H T Z T E
K O W T O W A R T E B B E R H
L C E D R L L R A S I I E U W
```

ADULATE
BESLOBBER
BLANDISH
COMPLIMENT
COURT
CURRY FAVOR WITH
FLANNEL
KOWTOW

LAY IT ON
PRAISE
SAWDER
SUCK UP TO
SWEET TALK
SYCOPHANTIZE
TICKLE THE EAR OF
WHEEDLE

Anatomy

```
D A L A N S T O M A C H I I A
V H L Y Y E B R A I N E T O L
G E R I S R Y E N D I K E Y R
N L R C N E A L Y K V L N L R
Y E A T A N O L O C U C D P E
R K R N E B N N L N E P O A I
P S R V D B U K G I A V N N N
B N O Y E L R E L Y P T Y C E
A R O P L I N A R R G A S R A
C R C U K K E E L E N O C E L
A K K N I S T E R R E N D A E
R S L Y R R E P L E I R N S H
D B O S A B R S H V N B N S B
B O E V R I L A S I B L P I N
L A R Y N X L E L L A E T I H
```

ARTERY	LUNG
BRAIN	NERVE
CAPILLARY	PANCREAS
COLON	RIB
GLAND	SKULL
KIDNEY	STOMACH
LARYNX	TENDON
LIVER	VERTEBRA

```
O G S E V A W E T I A C L E N
R N U O T U R B I N E N R G L
T E N I F F A R A P F A A I D
E S I R N S O P L O U C D I I
I F S O F E S S P E Y N E U S
H U P S F R G R S T U S S E T
I S E T T I O O I I E F T N D
N I E A N P S C R L L I O O N
U O E I A E I S L D C F O I D
C N G N I R N T I A Y W U L B
L P E Y T E E A R O I H I E S
E A A C N C T H H E N I E E L
A R E S Y N T U R T R S E H I
R L O I A N G A S S E L D M L
E F A E A B U E G L N M F N U
```

ANTHRACITE	HYDROGEN
BIOFUEL	METHANE
DIESEL	NUCLEAR
ELECTRICITY	PARAFFIN
FISSION	PROPANE
FOSSIL FUEL	TURBINE
FUSION	WAVES
GAS	WOOD

```
D L A K E M A L A W I I G L S
W N O Y N A C D N A R G U E D
H E N R T M P L T N C K D B N
U E D N I T T U A C N A A M A
D E C Y S A W N U H L L K I L
U T F I N T C A C G A I A S S
T E R G N M N C R A L M K U I
F A K U M E L E I Y B T J B R
A O O U I T V T B R M R B A E
R M S S A E A F E A O L R S T
Y T R E B I L F O E U T A T S
R A F U T I F C Y Y Y N S P A
C T E A U I L M J U T T G I E
I L A M O U N T W U Y I T K H
R A N H T A B F O Y T I C N U
```

ABU SIMBEL	KAKADU
ANGKOR	LAKE MALAWI
CITY OF BATH	MOUNT WUTAI
CITY OF VENICE	MOUNT WUYI
EASTER ISLAND	PALMYRA
EVERGLADES	SIENA
GRAND CANYON	STATUE OF LIBERTY
HISTORIC CAIRO	TAJ MAHAL

```
C S O T P E N W U S T O W A S
I P T E E S P E E D L I M I T
E M C E C E D G T W D W O N S
U U P E A N S A D L I A W I V
S B A D E I A A A L S T E Y R
D D L D D O O R D N S N A E M
E E A R O R S A A O D W I Y I
N E N I L C N I P E E T S T E
D P P I H I R N A V L L M T L
E S A O M T G C I Y D C A R L
E R O A S I W G A L I N W S L
N L L E S Z L W N R U T U O N
I S D P W E E A L L P C I P L
A E G G N N W O D W O L S I E
P O A N O S T O P P I N G M I
```

DEAD END	SCHOOL
GIVE WAY	SENIOR CITIZENS
LOW CLEARANCE	SIGNPOST
NO STOPPING	SLOW DOWN
NO U-TURN	SPEED BUMPS
ONE-WAY	SPEED LIMIT
PEDESTRIANS	STEEP INCLINE
RAILROAD	WILD ANIMALS

Dessert

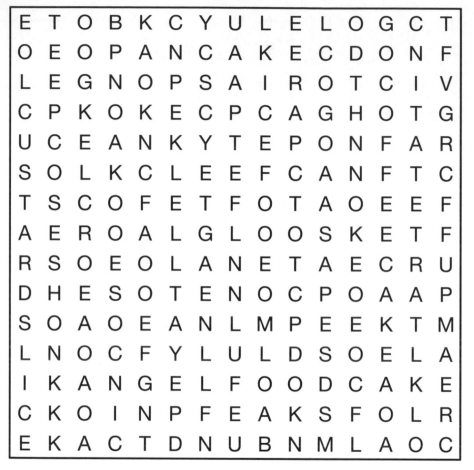

```
E  T  O  B  K  C  Y  U  L  E  L  O  G  C  T
O  E  O  P  A  N  C  A  K  E  C  D  O  N  F
L  E  G  N  O  P  S  A  I  R  O  T  C  I  V
C  P  K  O  K  E  C  P  C  A  G  H  O  T  G
U  C  E  A  N  K  Y  T  E  P  O  N  F  A  R
S  O  L  K  C  L  E  E  F  C  A  N  F  T  C
T  S  C  O  F  E  T  F  O  T  A  O  E  E  F
A  E  R  O  A  L  G  L  O  O  S  K  E  T  F
R  S  O  E  O  L  A  N  E  T  A  E  C  R  U
D  H  E  S  O  T  E  N  O  C  P  O  A  A  P
S  O  A  O  E  A  N  L  M  P  E  E  K  T  M
L  N  O  C  F  Y  L  U  L  D  S  O  E  L  A
I  K  A  N  G  E  L  F  O  O  D  C  A  K  E
C  K  O  I  N  P  F  E  A  K  S  F  O  L  R
E  K  A  C  T  D  N  U  B  N  M  L  A  O  C
```

ANGEL FOOD CAKE
BUNDT CAKE
CHOCOLATE CAKE
COFFEE CAKE
CREAM PUFF
CUSTARD SLICE
FLAN
PANCAKE

PLUM CAKE
ROCK CAKE
SHOOFLY PIE
SPONGE CAKE
STOLLEN
TARTE TATIN
VICTORIA SPONGE
YULE LOG

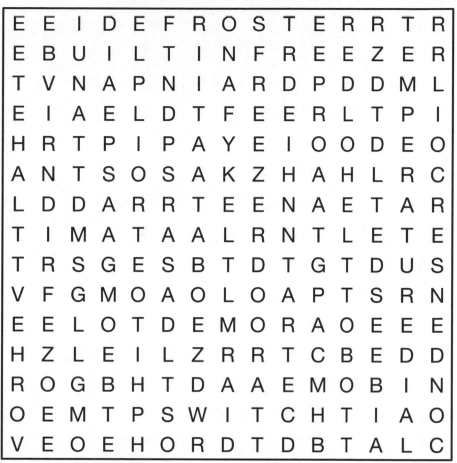

```
E E I D E F R O S T E R R T R
E B U I L T I N F R E E Z E R
T V N A P N I A R D P D D M L
E I A E L D T F E E R L T P I
H R T P I P A Y E I O O D E O
A N T S O S A K Z H A H L R C
L D D A R R T E E N A E T A R
T I M A T A A L R N T L E T E
T R S G E S B T D T G T D U S
V F G M O A O L O A P T S R N
E E L O T D E M O R A O E E E
H Z L E I L Z R R T C B E D D
R O G B H T D A A E M O B I N
O E M T P S W I T C H T I A O
V E O E H O R D T D B T A L C
```

BOTTLE HOLDER
BUILT-IN FREEZER
CONDENSER COIL
DEFROSTER
DRAIN PAN
EGG TRAY
EVAPORATOR COIL
FAN

FREEZER DOOR
HANDLE
MEAT KEEPER
SHELF
SWITCH
TEMPERATURE DIAL
THERMOSTAT
VEGETABLE HOLDER

Types of Saw

```
S C H B A Y A B D W W B S L O
U L E S E J A B S A W S P A C
A U R W R N B K S S P C B P P
O C R E D U C N B D W O E S S
A W A S E L O H Y E K O N W S
S W A S W N D T S D P N I A R
C W B S E I N H G A E L D S A
R O E T R W H P N L W W A T A
O A P E R A D E W B B S C U R
L A A I C O L A W W E O R C L
L R D K N S C U K O D H I S R
S O S G A G C A C R C T P S O
A A A W W A S T E R F O S O L
W O W A S M R A L A I D A R A
S A H J E A E S W N S C W C S
```

BANDSAW	KEYHOLE SAW
BENCH SAW	NARROW-BLADED SAW
CIRCULAR SAW	PADSAW
COPING SAW	PANEL SAW
CROSSCUT SAW	RADIAL ARM SAW
FRETSAW	RIPSAW
HACKSAW	SCROLL SAW
JAB SAW	TENON SAW

```
A L L A A W O L F E F J E S B
N P O L A O N K S C C R A L A
G I N L L H A S S R E P A N O
K R G A L K S D M D L C B D M
C A J B R A I A B E K L A N E
A T O N S U F E W B E C H P N
J E H O I K A I E G S N N C N
D K N N R U A T P U J W B I
A I S N D U R N A T A P T A A
M N I A M D E R K C E J W E T
H G L C D L R I K B U N G O P
T M V K O O H C P B E P R A A
A E E A W C R R U A I A R R C
A I R K L O L N N A W S R A O
E N O A W F L I N T K D E D T
```

BLACKBEARD
CANNONBALL
CAPTAIN NEMO
FLINT
HOOK
JACK CROW
LAFITTE
LONG JOHN SILVER

MAD JACK
PIRATE KING
PUGWASH
REDBEARD
SKUNKBEARD
SMEE
SPARROW
SWANN

Popular Wine Varieties

```
A R S A N G I O V E S E L C N
C R V A N E E I I M M N S M C
N N N M I W E G T I A U E N U
G H A R M U H I Y E R L A I O
N I I R R R C R A N M L B L T
H N A C F Z A G N R B A L E A
P P L C C T N T N N I I G D C
B I Y H O R E O O I N N N S
L E N L H A R N D A L T I A O
Z S R O V M G I R B E S I F M
M E E I T I Y P A E W Y E N I
M R C R V N M O H T B R I I S
C I C U F E O T C I E A N Z R
S R A P T R A I Y Z L H C S A
L S N S O R B U R G U N D Y A
```

BURGUNDY

CABERNET FRANC

CHARDONNAY

GEWURZTRAMINER

GRENACHE

MALBEC

MERLOT

MOSCATO

PINOT GRIGIO

PINOT NOIR

RIESLING

SANGIOVESE

SAUVIGNON BLANC

SYRAH

TEMPRANILLO

ZINFANDEL

```
S N A N R N U M B E R D N O I
R C O O O O A Y T E T L W T P
S F E I E I T E E N G I S S A
G S E T T T N P N I E P E T
N I E A D A A A E N R E E D E
I S R R L L C D C V C O N L N
A S P A D L A I G I N S T N T
M T C L T E E W F N L I E T E
E L R C S C D I E I I P O T A
N K N E N N C A R N S L P C U
D L M D L A Y T R W E S I A V
M O R E T C S S E T G R A F O
E D O I R E P T U O K C A L B
N C O E I A U N I C O C I N C
T N E M N G I S S A T R O E M
```

AMENDMENT

APPLICATION

ASSIGNEE

ASSIGNMENT

ATTORNEY

BLACKOUT PERIOD

CANCELLATION

CLASSIFICATION

COINVENTOR

DECLARATION

FILING DATE

NUMBER

PATENT

RENEWAL

SPECIFICATION

TRADE DRESS

Municipal Transit Systems

```
C T S T A T N A L R S N T S I
B T A B Q R I D E A S U I N E
A A A T H E B U S M E T U M U
S B E T I S N A R T J N U N U
T R I D E L T A T R A N S I T
S T A G D I R S T T I A S B B
N N T N B S I A A S S N D A L
A T R W N L C T O T A T T C E
R I I T S T U L B R S R T T S
T S T B S S T E T R A T S R A
M S R E S R S I B M A T J A R
A A W I A Q N I S U A B R N B
S T E N B U R C E T S R S S M
T I S N A R T O R T E M I I B
T N S M E T R O B U S A I T T
```

ABQ RIDE	NJ TRANSIT
AC TRANSIT	SAMTRANS
BIG BLUE BUS	SMART
CTA	SOLTRANS
LANTA	THEBUS
METRO TRANSIT	TRI DELTA TRANSIT
METROBUS	UNITRANS
MUNI	WESTCAT

L F F U P M A E R C C G C D W
E E E O E R P F H O O L E B E
O N V N R O E H M R S R R E F
R T R E P S S B F E Y E E M D
C O S C L I I Y V D R C O A S
E L O H F N L O N S I U I R C
T R G E A L M A T W S A Y M O
N O T T E A C I R E E S H A L
D R I J R D M L U E C G B L O
N O K T E E L G L T I N E A R
N H X K B A N I U T R I G D B
F E C O V I R N F E O Y C E O
W O M I R L O L I E C L B L M
L B I E O O F I C T I F E L B
E D M N E O I L P H L F G E M

COLOR BOMB
COMBINATION
CREAM PUFF
EXTRA MOVES
FISH
FLYING SAUCER
JELLY FROG
LEVEL

LICORICE
LIFE
LOCKED CANDY
MARMALADE
MERINGUE
POPCORN
SWEET TEETH
TIME BOMB

Types of Table

```
S C A D Y O I W T R I P O D H
C L C I E R Y D O I E S T T P
O I H O C P O F N R C H E S S
I D I C F D N T I A K P R L P
T G E R N F G N C S T T I D O
P G P C O E E N P E N S O I K
E N F O N L B E I F F N N P E
R I R I O E G T R S W E F O R
I N E P E T E O G D S O R N G
O I L N I L N E C N L E T A R
D D R A I L L I B D D R R E N
I Y T C R E C S I I E I I D P
C O N A T I G N E R N H D D E
I H P A S R G T G A R D E N I
F I G S I N N E T N D P F D N
```

BENCH
BILLIARD
CHESS
COFFEE
DINING
DRESSING
FOLDING
GARDEN

GATELEG
PERIODIC
POKER
REFECTORY
STAND
TENNIS
TRIPOD
WORKTOP

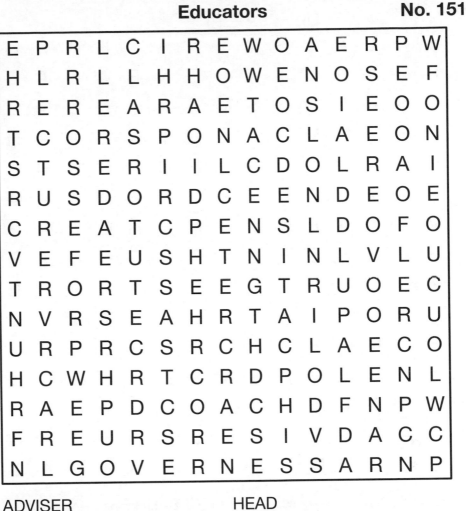

ADVISER	HEAD
CHANCELLOR	LECTURER
COACH	PRESIDENT
COUNSELOR	PRINCIPAL
DEAN	PROFESSOR
DOCTOR	READER
FELLOW	TEACHER
GOVERNESS	TUTOR

Superfoods

```
H S E A C S P I N A C H A E G
S L A E G T A U E N R W O A E
O S E L M O S M A P A N B M E
C S L S M R J S A T N G A A H
D H S O A O S I E C B S N R E
P O I D E E N R B N E M I A M
M A T A E N M D R E R O L N P
B R U S S E L S S P R O U T S
I U G M L E S K E F I R R H E
O G L O H I E X N N E H I R E
E U N I R S T D A O S S P E D
L L E M M H U N S L H U S P S
J A A F E G C I E U F M S F B
H A G I S I U H E L E H G A A
O E U U M U E L E E D A M L I
```

ALMONDS

AMARANTH

ARUGULA

BRUSSELS SPROUTS

CHIA SEEDS

CRANBERRIES

EGGS

FLAXSEEDS

GOJI BERRIES

HEMPSEEDS

KEFIR

LENTILS

MUSHROOMS

SPINACH

SPIRULINA

WATERMELON

```
T L A O L E U L U T T R S I E
N I R A M A T S U L U A T I S
A R A L D U R P L G Z O W A D
S R E B A O S I N Z H T T E A
A A I D L C R A A S W A L A A
E S K O I D L R V E P B M A U
I K W I N P B U D A E N H I N
N A R A R E S T T E V R E V L
Y U M N D S N U B N O S E D A
D S A L Q N A T H G I N L M A
I R H O W L E R N E S R P R E
C A P U C H I N T A U R S U R
A L V I S S U B O L O C L A T
U I U R I R M I U I T B U E L
D A L T L C T L E R R I U Q S
```

BLUE
CAPUCHIN
COLOBUS
DE BRAZZA'S
HOWLER
LANGUR
MANDRILL
NIGHT

PATAS
ROLOWAY
SAKI
SNUB-NOSED
SPIDER
SQUIRREL
TAMARIN
VERVET

Not on this Planet

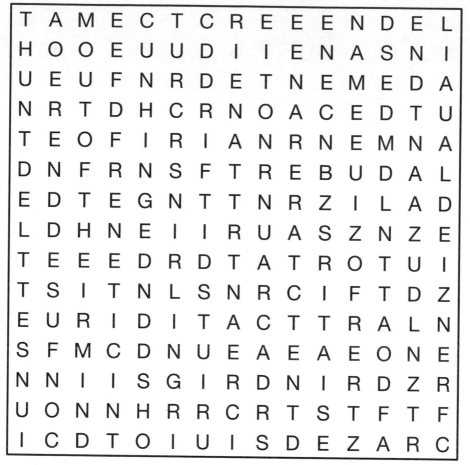

```
T  A  M  E  C  T  C  R  E  E  E  N  D  E  L
H  O  O  E  U  U  D  I  I  E  N  A  S  N  I
U  E  U  F  N  R  D  E  T  N  E  M  E  D  A
N  R  T  D  H  C  R  N  O  A  C  E  D  T  U
T  E  O  F  I  R  I  A  N  R  N  E  M  N  A
D  N  F  R  N  S  F  T  R  E  B  U  D  A  L
E  D  T  E  G  N  T  T  N  R  Z  I  L  A  D
L  D  H  N  E  I  I  R  U  A  S  Z  N  Z  E
T  E  E  E  D  R  D  T  A  T  R  O  T  U  I
T  S  I  T  N  L  S  N  R  C  I  F  T  D  Z
E  U  R  I  D  I  T  A  C  T  T  R  A  L  N
S  F  M  C  D  N  U  E  A  E  A  E  O  N  E
N  N  I  I  S  G  I  R  D  N  I  R  D  Z  R
U  O  N  N  H  R  R  C  R  T  S  T  F  T  F
I  C  D  T  O  I  U  I  S  D  E  Z  A  R  C
```

CONFUSED
CRAZED
DEMENTED
DISTRACTED
DISTRAUGHT
DISTURBED
FRANTIC
FRENETIC

FRENZIED
INSANE
IRRATIONAL
LUNATIC
MAD
OUT OF THEIR MIND
UNHINGED
UNSETTLED

```
D I B R I N N S S N E A L F R
D H R R Y M S E C U P I E H H
P A E N G K G O E E M M A W T
B P B A M A W M E A E A R H W
A A C A H D S H N M E A R A N
B P G K I E S G M G P E R R Y
Y I D L N S E A T S E T E H A
J S R B S R O A A W S R N A H
E M E H H L N C I R G N S Y R
S H H E Y Y E S A J O S E P H
U G P S S E E G N M L A A R S
S N E I M M A I N D D E E S A
W H H M E G C R P A A S T A R
M P S N T N L B A R H R S E N
L R H E S N E C N I K N A R F
```

ANGEL
BABY JESUS
CASPAR
COW
FRANKINCENSE
GOLD
INN
JOSEPH

MAGI
MANGER
MYRRH
SHEEP
SHEPHERD
STAR
STRAW
THREE WISE MEN

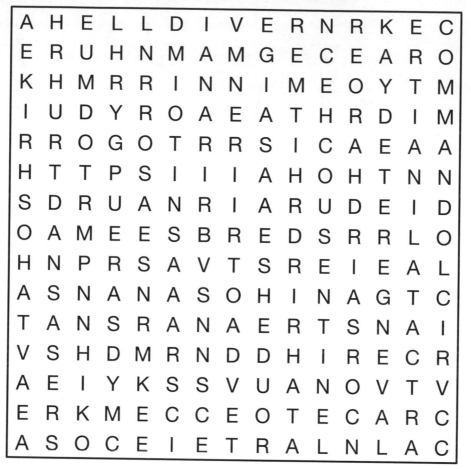

```
A H E L L D I V E R N R K E C
E R U H N M A M G E C E A R O
K H M R R I N N I M E O Y T M
I U D Y R O A E A T H R D I M
R R O G O T R R S I C A E A A
H T T P S I I I A H O H T N N
S D R U A N R I A R U D E I D
O A M E E S B R E D S R R L O
H N P R S A V T S R E I E A L
A S N A N A S O H I N A G T C
T A N S R A N A E R T S N A I
V S H D M R N D D H I R E C R
A E I Y K S S V U A N O V T V
E R K M E C C E O T E C A R C
A S O C E I E T R A L N L A C
```

AVENGER
BANSHEE
CATALINA
COMMANDO
CORSAIR
HARPOON
HARVARD
HELLDIVER

HUDSON
KAYDET
MARINER
MITCHELL
MUSTANG
SENTINEL
SHRIKE
SKYMASTER

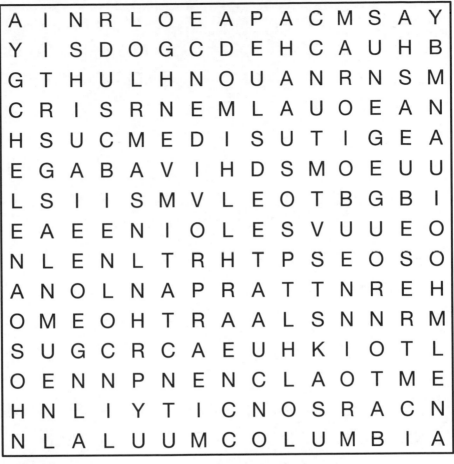

```
A  I  N  R  L  O  E  A  P  A  C  M  S  A  Y
Y  I  S  D  O  G  C  D  E  H  C  A  U  H  B
G  T  H  U  L  H  N  O  U  A  N  R  N  S  M
C  R  I  S  R  N  E  M  L  A  U  O  E  A  N
H  S  U  C  M  E  D  I  S  U  T  I  G  E  A
E  G  A  B  A  V  I  H  D  S  M  O  E  U  U
L  S  I  I  S  M  V  L  E  O  T  B  G  B  I
E  A  E  E  N  I  O  L  E  S  V  U  U  E  O
N  L  E  N  L  T  R  H  T  P  S  E  O  S  O
A  N  O  L  N  A  P  R  A  T  T  N  R  E  H
O  M  E  O  H  T  R  A  A  L  S  N  N  R  M
S  U  G  C  R  C  A  E  U  H  K  I  O  T  L
O  E  N  N  P  N  E  N  C  L  A  O  T  M  E
H  N  L  I  Y  T  I  C  N  O  S  R  A  C  N
N  L  A  L  U  U  M  C  O  L  U  M  B  I  A
```

AUGUSTA	HELENA
BATON ROUGE	LINCOLN
CARSON CITY	MONTPELIER
CHARLESTON	NASHVILLE
COLUMBIA	OKLAHOMA CITY
COLUMBUS	PROVIDENCE
DOVER	RALEIGH
HARRISBURG	SAINT PAUL

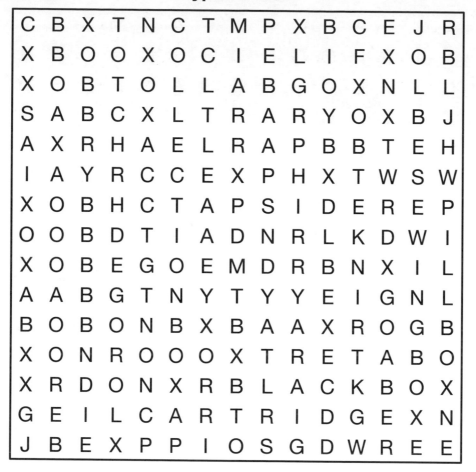

```
C B X T N C T M P X B C E J R
X B O O X O C I E L I F X O B
X O B T O L L A B G O X N L L
S A B C X L T R A R Y O X B J
A X R H A E L R A P B B T E H
I A Y R C C E X P H X T W S W
X O B H C T A P S I D E R E P
O O B D T I A D N R L K D W I
X O B E G O E M D R B N X I L
A A B G T N Y T Y Y E I G N L
B O B O N B X B A A X R O G B
X O N R O O X T R E T A B O
X R D O N X R B L A C K B O X
G E I L C A R T R I D G E X N
J B E X P P I O S G D W R E E
```

BALLOT BOX	DISPATCH BOX
BLACK BOX	JEWELRY BOX
BOX FILE	MATCHBOX
CADDY	PILLAR BOX
CARTRIDGE	PILLBOX
CIGARETTE BOX	SEWING BOX
COLLECTION BOX	STRONGBOX
CRATE	TRINKET BOX

```
P U D D S U N E I L M N E I S
I T B G U N G H O G E K T N P
A U N U K G S F L Y C H E E M
F Y L E S K F U I I H H B K E
C E E O O O T U H J O Y O N O
F I N W O E O U C I P K K U O
N G U G A L K M S I S E C F G
O H O M S O O I A J T T H O S
N A U M A H N N I N I C O T H
G I U D A H U G G A C H Y M O
O S E F I H J I O K K U E P U
F S M G P M N O N O S P Y N N
H H O E P Y S I N B F O H S I
B L P U F G N U K G P I K F E
A C U A L N N N M U G S F H H
```

BOK CHOY
CHI
CHOPSTICKS
DIM SUM
FENG SHUI
GUNG HO
HOISIN
KANJI

KETCHUP
KUNG FU
LYCHEE
MAH-JONGG
OOLONG
TEA
TOFU
WOK

Breeds of Cat

```
R L G E R M A N R E X A B G N
E I H E O C A U I T B B U N I
L I A T B O B N A I L I R U K
R H B H B H X X X D U R M L H
E A N M G E T O E O N I I E C
N C C O R N I S H R E X L B N
O O G H R V O S E H N A L E U
H K C B F E R L U P Y O A N M
O H O L U P G H H A U O V O Y
B H E G N O X O B S H C E E N
C W B E M N C M N U I C I U D
D M N X G L O K O R A T I B I
F L M S N B R X I P E H I T M
I C R N H O S P H Y N X O R G
P S H G B H B E M C P Y L U B
```

BOMBAY
BRITISH LONGHAIR
BURMILLA
CHAUSIE
CORNISH REX
CYPRUS APHRODITE
DEVON REX
DWELF

GERMAN REX
KORAT
KURILIAN BOBTAIL
MANX
MUNCHKIN
NEBELUNG
OREGON REX
SPHYNX

```
K E L M T O L E C N A L R V E
I C R E M S R L M N H V E A A
I E C I R N V H L E A A R L W
F Y K R P M E K V O H F E H A
L A Y A R M R D M I R A C A Y
S R I S L C A E I E S T R L O
E E O R I E L V O A R A O L Y
L R R B Y T H C R S M L S A M
L O E L I T N T H C U W I E O
I C C F A N E A F C R R O N O
H O O L R R H I L O T R A N O
C A Y C G N R O R T Y I A C S
A U R O E I E I O H A D W I I
H O R L A O C E Y D L E A T R
L O A L A M D I A M R E M L R
```

ACHILLES	OGRE
ATLANTIS	ROBIN HOOD
FAIRY	SNOW MAIDEN
ICARUS	SORCERER
LADY OF THE LAKE	TROLL
LANCELOT	VALHALLA
MERLIN	VAMPIRE
MERMAID	WITCH

Planetary Orbits

```
L H T R A E M U I D E M L C T
S A R E O C E N T R I C H I I
A U Y F R H E N E N E I B R B
G E O S T A T I O N A R Y T R
T H R N I C O R L N O T I N O
R R D A O I I Y A A Y N E E A
O H C R Y R H T Y E C E K C R
N H M T A A H I P L W C R O D
C I U N E Y N C I I I O A E N
I E I N A L E N N R L I L G U
S E R A O A E V C Y R L C C T
E T Y M L D M U A N S E E R D
E I R H R Y L B R R N H T A A
T O P O L A R T T L G U U O T
U T I H R A R E U O T I I D P
```

AREOCENTRIC
CIRCULAR
CLARKE
ELLIPTIC
GEOCENTRIC
GEOSTATIONARY
GRAVEYARD
HELIOCENTRIC

HOHMANN TRANSFER
INCLINED
LOW EARTH
MEDIUM EARTH
MOLNIYA ORBIT
POLAR
SYNCHRONOUS
TUNDRA ORBIT

```
E S H E P I A P D S P H L I I
I E L F I N E U E R L E A E N
F F N S T E N G H O F N M O I
G N I M M I R T S T S C N G G
F S V I R E N F I E E N R T S
L A K P N I F S N G E A P H S
D N K I A P S I I E D T O F C
E E E N I C N S F E K P O L E
O C B E P S I E E B T R V N M
T M D I R O E D F M S N E R L
M S L P L C D V N F U P R V S
C C A O A L S S F A D E L O S
S N G F N G N E S I H I O P L
R E P M E T L D I P A E O D E
D M E B U C K L E C R D K S O
```

BILL
BUCKLE
CLIP
DUST
FAST
FINE
FINISHED
GRADE

HANDICAP
LEFT
OVERLOOK
SCREEN
SEED
SHOP
TEMPER
TRIMMING

Geological Eras

```
N I L M S T U N O A N T H N J
I P S U O R E F I N O B R A C
O E C E P R E R O A S R E I E
Y R N S N I D O T U M C H N S
T M A E N E C O G I L O E A I
L I I I C N C T V I A C S V N
R A R E C O R O N I O R S L L
U N U N N I T I I I C E Y Y N
E O L O A N S S M L U I I S S
V M I S S I S S I P P I A N U
N C S A N S N R A E O C E N E
S I N V I I C O D R L I E E I
C O T N E O C R V L U P T P E
I S H O L O C E N E R J R R C
I O N E C C P I A C D A S I U
```

CARBONIFEROUS   ORDOVICIAN
DEVONIAN   PENNSYLVANIAN
EOCENE   PERMIAN
HOLOCENE   PLEISTOCENE
JURASSIC   PLIOCENE
MIOCENE   SILURIAN
MISSISSIPPIAN   TERTIARY
OLIGOCENE   TRIASSIC

```
S F A N S S R Y S C P S G S R
A R T N E N I U B A R T S K E
N B S A F R C N S A S N A S H
F T F R T C D R S C B E E N T
R I S R E N O L I G C R Y H A
I A O S B T F O I R I A N S F
E O S K S S N I E H N P E I E
H O I E S S S L D A C S G C R
R N C C K O A R E L R E O L O
N N S N I T F O O T R F R A F
A C E Y I A F I S S U E P N O
E E S V P R E D E C E S S O R
O S E D F F C O C S A P B T T
E S Y E D E S C E N D A N T S
Y F O F F S P R I N G L P N S
```

ANCESTORS	KIN
BABY	OFFSPRING
CHILDREN	PARENTS
CLAN	PREDECESSOR
DESCENDANTS	PROGENY
FOREFATHER	RELATIVES
HEIR	SCIONS
ISSUE	SUCCESSOR

```
E S R U O C N O C D N A R G E
U U N I O N S Q U A R E S Q I
E U N E V A N O T G N I X E L
T F A E R A U Q S S E M I T E
T I R N V B R Y A N T P A R K
E U N E V A H T H G I E I A V
E A T E E R T S R E M I R O L
R R T N H I N L A N M G R L E
T T E E R T S Y E C N A L E D
S K E S I X T H A V E N U E I
Y N M U I D A T S E E K N A Y
A E Y R R E F H T U O S C T O
J E G D I R B N Y L K O O R B
U K V D E R A U Q S T R U O C
R L A R T N E C D N A R G S R
```

BROOKLYN BRIDGE   LEXINGTON AVENUE
BRYANT PARK   LORIMER STREET
COURT SQUARE   ROOSEVELT AVENUE
DELANCEY STREET   SIXTH AVENUE
EIGHTH AVENUE   SOUTH FERRY
GRAND CENTRAL   TIMES SQUARE
GRAND CONCOURSE   UNION SQUARE
JAY STREET   YANKEE STADIUM

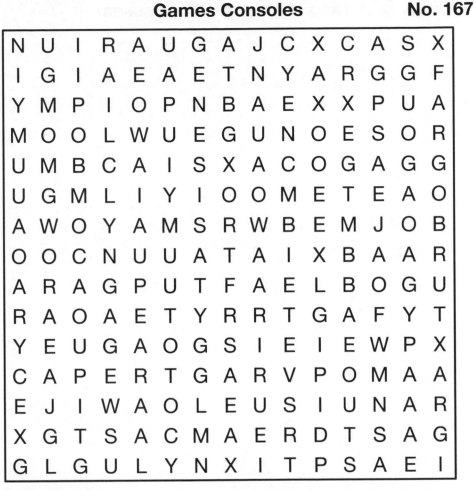

```
N U I R A U G A J C X C A S X
I G I A E A E T N Y A R G G F
Y M P I O P N B A E X X P U A
M O O L W U E G U N O E S O R
U M B C A I S X A C O G A G G
U G M L I Y I O O M E T E A O
A W O Y A M S R W B E M J O B
O O C N U U A T A I X B A A R
A R A G P U T F A E L B O G U
R A O A E T Y R R T G A F Y T
Y E U G A O G S I E I E W P X
C A P E R T G A R V P O M A A
E J I W A O L E U S I U N A R
X G T S A C M A E R D T S A G
G L G U L Y N X I T P S A E I
```

DREAMCAST
GAME BOY
GAME GEAR
GAMECUBE
GENESIS
JAGUAR
LYNX
NEO-GEO

N-GAGE
PLAYSTATION
SUPER FAMICOM
TURBOGRAFX
VIRTUAL BOY
VITA
WII U
XBOX

```
A V A A H R A R I S I N I A I
G T I L A I U T K M I A S A A
A R E A L I A H R N I N U A A
N A S A T V D A G N M A N N N
E M K A R S R A D I N V V N S
S D E A R S I R A L N A D A D
H S P I V A A A V M N R G P S
A M I H V N S U S V S N A U I
S H A I A I U V A A H S D R T
T S H N V Y R A A I A V L N A
D S V M D U A A D T V D A A A
A H A U A E I V M D I I I Y K
U N H S I V I A U A E E R A H
V L A K S H M I I I I V A M I
I I V R K A G R U D Y A I A A
```

AGNI	MAYA
ANNAPURNA	PARVATI
DEVI	RAMA
DURGA	RAVANA
GANESH	SARASVATI
INDRA	SHIVA
KALI	SITA
LAKSHMI	VISHNU

```
S  H  Y  S  S  U  B  E  D  I  L  O  H  L  E
C  C  T  C  F  B  R  U  C  H  L  O  S  A  R
U  E  W  E  R  H  P  S  S  C  H  E  F  E  R
D  E  S  E  C  S  R  K  C  U  L  G  G  R  L
E  L  U  A  I  P  U  C  C  I  N  I  R  S  S
P  L  B  D  P  L  C  L  H  E  E  M  F  A  B
R  E  S  S  A  H  L  C  L  C  P  R  P  C  I
E  S  R  E  I  T  R  O  M  S  I  O  B  E  D
S  E  E  E  F  O  E  N  M  E  E  E  H  O  E
L  C  U  E  I  S  I  S  R  A  D  E  U  P  F
E  E  S  P  H  P  M  E  R  S  H  U  I  F  S
S  B  O  U  O  N  C  H  I  H  C  L  R  C  G
E  E  I  H  E  E  B  C  A  M  I  O  E  E  A
L  B  C  K  C  E  S  H  H  R  C  T  H  R  E
E  E  S  O  I  L  R  T  R  E  B  U  H  C  S
```

BACH
BRAHMS
BRUCH
CECERE
CHOPIN
DE BOISMORTIER
DE PRESLES
DEBUSSY

GLUCK
HASSE
MAHLER
ORFF
PUCCINI
SCHEFER
SCHUBERT
WEILL

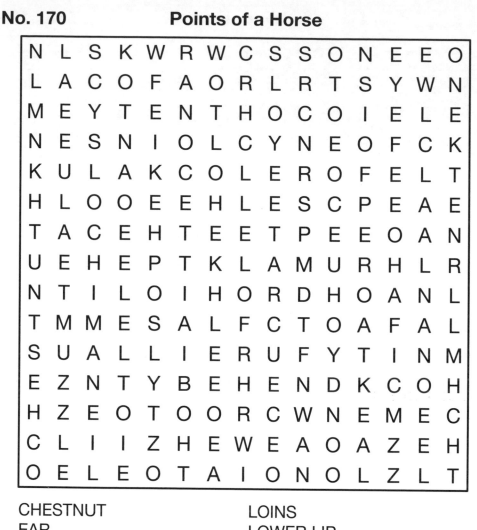

```
N  L  S  K  W  R  W  C  S  S  O  N  E  E  O
L  A  C  O  F  A  O  R  L  R  T  S  Y  W  N
M  E  Y  T  E  N  T  H  O  C  O  I  E  L  E
N  E  S  N  I  O  L  C  Y  N  E  O  F  C  K
K  U  L  A  K  C  O  L  E  R  O  F  E  L  T
H  L  O  O  E  E  H  L  E  S  C  P  E  A  E
T  A  C  E  H  T  E  E  T  P  E  E  O  A  N
U  E  H  E  P  T  K  L  A  M  U  R  H  L  R
N  T  I  L  O  I  H  O  R  D  H  O  A  N  L
T  M  M  E  S  A  L  F  C  T  O  A  F  A  L
S  U  A  L  L  I  E  R  U  F  Y  T  I  N  M
E  Z  N  T  Y  B  E  H  E  N  D  K  C  O  H
H  Z  E  O  T  O  O  R  C  W  N  E  M  E  C
C  L  I  I  Z  H  E  W  E  A  O  A  Z  E  H
O  E  L  E  O  T  A  I  O  N  O  L  Z  L  T
```

CHESTNUT	LOINS
EAR	LOWER LIP
ELBOW	MANE
EYE	MUZZLE
FORELOCK	NECK
HEAD	NOSE
HOCK	STIFLE
HOOF	THROAT

```
S M U R D S S A B P M T A R U
E N L E B L R E E P D E L N O
T P N E O E N N R N E N O I S
P E P F I O I L O O L R I L E
O E P S B P N I S O P O V O L
M A I M T E S N O L O C C I P
L N O U U S A N M P O S E V N
R R T I U R E O E R V H L A I
T A A C E O T L A K N N L R R
R E R D P R H N E C C M O H O
L E R N I F G H A R P O O H R
P U I S L L S U C T L N L L R
M L O U A A C O I I P T P G R
M U T I C F R E N C H H O R N
F E S I N A P M I T E S S O R
```

BASS DRUM
CELLO
COR ANGLAIS
CORNET
FLUTE
FRENCH HORN
GLOCKENSPIEL
HARP

PERCUSSION
PICCOLO
SNARE DRUM
TIMPANI
TROMBONE
TRUMPET
VIOLA
VIOLIN

Lists

```
T B M R D A A L S E Y Y A S S
L O L E A D N E G A A I E S R
O M L T A S M E T I D I O O C
O R T S E G I I C E R C R A A
A E E I S O D C P E T L O Y T
T N Y G S G C O S A L S S N A
N A G E N U L A C T N N S I L
O E B R L C B M L E R A L A O
A A M L Y C O A A E A E E T G
A Y A C E T T N L R N T R O A
E E N O A S E A O L G D C R T
E E C C A N A M L A Y O A T E
E C O N T E N T S L L S R R A
R O L L Y S I E A L Y Y G P T
E E S N E N U M E R A T I O N
```

AGENDA
ALMANAC
CALENDAR
CATALOG
CONTENTS
ENCYCLOPEDIA
ENUMERATION
ITEMS

PROGRAM
REGISTER
ROLL
ROTA
SERIES
SYLLABUS
TABLE
TALLY

```
T D N U E R T P E P C E W T O
N A R F A A A N A C D I C A R
F C J A N P T R A E N T E O C
R O O O Z U O Z A D F R C C H
O T R T X C A N C C R E I N A
C A O E C U L H C D C N O I W
K E D T N A E O R H A C O A O
C O T M D A P R A N O H V R T
O O A O T E E E A K O C E O A
A G O E G Z B H R D N O R R I
T N R F A N G K F E I A C O L
A T T L A F I I A K K T O F C
O R B H A F N D A C R L A O O
E C N K A K O C E A E U T A A
R P A A N C A M N R J X O E T
```

AFGHAN
ANORAK
BLAZER
CAPE
CLOAK
FROCK COAT
JERKIN
MAC

OVERCOAT
PONCHO
RAINCOAT
REDINGOTE
TAILCOAT
TRENCH COAT
TUXEDO
WINDCHEATER

```
E  U  R  R  S  A  I  A  S  U  O  I  R  U  C
L  U  H  S  I  D  N  A  L  T  U  O  L  I  B
A  A  A  I  U  N  S  T  R  A  N  G  E  E  I
C  L  N  B  C  N  E  C  X  M  T  D  L  T  Z
E  O  H  O  N  N  E  M  C  C  D  E  B  U  A
N  X  M  A  I  O  I  X  E  B  A  V  A  M  R
U  O  T  I  C  T  R  S  P  T  N  I  T  R  R
N  R  M  R  C  C  P  M  T  E  T  A  C  G  E
U  D  C  M  A  A  I  E  A  T  C  N  I  U  N
S  G  D  A  O  V  L  T  C  L  H  T  D  P  V
U  M  A  C  Q  C  A  U  A  X  A  O  E  E  L
A  T  T  L  R  U  N  G  M  R  E  O  R  D  O
L  R  I  C  P  R  E  U  A  I  R  A  P  U  C
E  D  W  E  I  R  D  E  B  N  E  E  N  I  A
E  R  L  N  A  D  O  N  R  R  T  E  U  E  L
```

ABNORMAL	OUTLANDISH
BIZARRE	QUEER
COMICAL	STRANGE
CURIOUS	UNCOMMON
DEVIANT	UNEXPECTED
ERRATIC	UNPREDICTABLE
EXCEPTIONAL	UNUSUAL
EXTRAVAGANT	WEIRD

```
Q  S  G  X  G  G  O  F  I  N  U  Y  E  Y  R
J  K  H  I  E  A  K  B  E  R  E  M  E  Z  V
O  M  S  A  N  M  A  L  D  E  P  O  M  T  L
B  Q  B  I  W  V  A  D  N  Q  D  F  M  T  F
D  Q  T  M  K  S  S  K  L  N  F  I  A  I  M
L  A  R  H  A  T  A  F  S  H  L  M  U  U  T
Q  M  V  B  K  J  N  N  M  K  G  B  T  Y  P
H  A  M  B  M  H  K  A  G  U  C  T  Q  J  V
V  J  M  X  J  A  D  A  U  Q  E  T  A  J  B
G  I  U  B  E  R  T  R  I  R  W  D  B  U  C
M  S  E  I  M  H  J  A  O  G  N  V  A  F  H
M  U  T  T  J  A  W  J  J  N  W  K  T  M  O
I  R  E  H  T  O  M  O  J  I  H  A  Y  U  K
U  W  R  C  W  Q  M  A  T  R  I  P  S  N  J
E  B  E  I  A  L  M  P  L  V  I  U  E  D  A
```

ABATYSE	MATAJI
AMMEE	MATRI
EMAK	MERE
EWE	MOTHER
MADR	MUETER
MAJI	MUTTER
MAJKA	OKAASAN
MAM	TINA

No. 176   Biggest Islands in the Philippines

```
I  A  S  M  G  A  T  I  L  G  D  S  M  J  L
I  E  A  C  U  O  C  A  T  N  M  I  N  R  A
P  N  A  J  B  W  L  R  W  A  W  A  A  A  B
O  L  O  J  D  I  G  L  L  I  W  M  O  M  P
B  R  G  B  M  W  L  U  I  A  T  J  L  A  E
A  Y  T  U  U  A  O  I  L  L  G  A  T  S  T
S  R  I  S  N  I  R  A  R  O  O  I  W  N  Y
I  O  B  U  L  M  P  I  J  A  H  P  S  I  E
L  I  A  A  N  L  T  T  N  O  N  O  O  O  L
A  L  R  N  A  L  O  U  M  D  R  M  B  O  B
N  I  C  G  N  R  I  I  B  G  U  C  W  J  N
I  I  A  A  O  U  A  O  E  E  P  Q  G  J  A
D  U  A  M  Z  M  A  N  R  U  C  O  U  B  Z
A  L  A  S  U  G  U  I  M  A  R  A  S  E  A
A  J  L  I  L  N  R  M  O  R  O  D  N  I  M
```

BASILAN	LUZON
BILIRAN	MARINDUQUE
BOHOL	MINDORO
BUSUANGA	NEGROS
CEBU	PALAWAN
GUIMARAS	POLILLO
JOLO	SAMAR
LEYTE	TAWI-TAWI

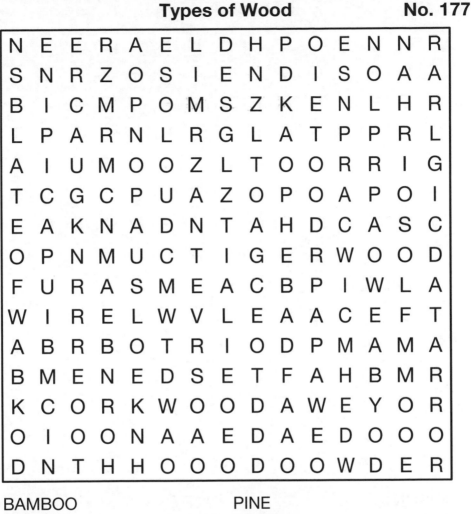

```
N E E R A E L D H P O E N N R
S N R Z O S I E N D I S O A A
B I C M P O M S Z K E N L H R
L P A R N L R G L A T P P R L
A I U M O O Z L T O O R R I G
T C G C P U A Z O P O A P O I
E A K N A D N T A H D C A S C
O P N M U C T I G E R W O O D
F U R A S M E A C B P I W L A
W I R E L W V L E A A C E F T
A B R B O T R I O D P M A M A
B M E N E D S E T F A H B M R
K C O R K W O O D A W E Y O R
O I O O N A A E D A E D O O O
D N T H H O O O D O O W D E R
```

BAMBOO	PINE
CEDAR	POPLAR
CORKWOOD	RATA
FIR	REDWOOD
HEMLOCK	SPRUCE
HORNBEAM	TIGERWOOD
LANA	YEW
LIGNUM VITAE	ZANTE

School Uniform

```
S D S N O L K S R S E U S S S
T G P C O V O P E R E Z A L B
R S R M H R R V H B U S T I E
I S T O S O P S E H H C T S T
K N B O S B O A S I S R O E S
S L S E O E A L R E S I P V S
V R R O L B O T C S R A B O T
O O A S S O O H A R O D H L N
T O E B T O R N S J E G T G A
P S S R G O D S S K K S R S P
S T O I I A E O R S E E T R Z
A P G R L E S T O P P S L C E
R T L S O E O C P M G O O R G
S U H T H H K T U A S A A R S
M Z G S U S I J B T T S R O S
```

APRON	PANTS
BAG	SANDALS
BLAZER	SCHOOL CREST
BOOTS	SHIRT
COAT	SHOES
DRESS	SKIRT
GLOVES	SOCKS
JUMPER	TIE

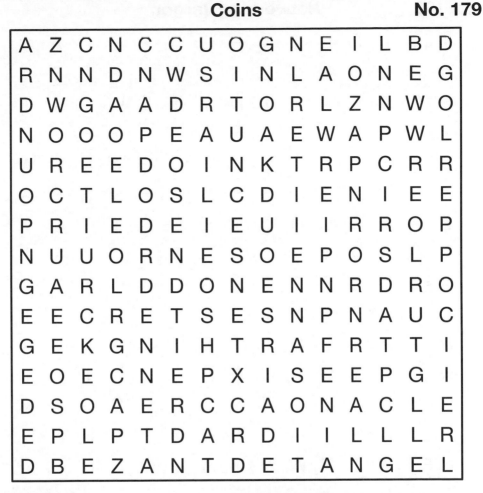

```
A Z C N C C U O G N E I L B D
R N N D N W S I N L A O N E G
D W G A A D R T O R L Z N W O
N O O O P E A U A E W A P W L
U R E E D O I N K T R P C R R
O C T L O S L C D I E N I E E
P R I E D E I E U I I R R O P
N U U O R N E S O E P O S L P
G A R L D D O N E N N R D R O
E E C R E T S E S N P N A U C
G E K G N I H T R A F R T T I
E O E C N E P X I S E E P G I
D S O A E R C C A O N A C L E
E P L P T D A R D I I L L L R
D B E Z A N T D E T A N G E L
```

ANGEL
BEZANT
COPPER
CROWN
DANDIPRAT
DENARIUS
FARTHING
GUILDER

LOUIS D'OR
NAPOLEON
NICKEL
POUND
REAL
SESTERCE
SIXPENCE
STATER

Networking Jargon

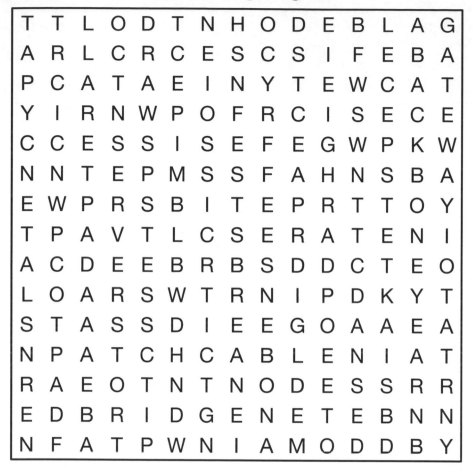

```
T T L O D T N H O D E B L A G
A R L C R C E S C S I F E B A
P C A T A E I N Y T E W C A T
Y I R N W P O F R C I S E C E
C C E S S I S E F E G W P K W
N N T E P M S S F A H N S B A
E W P R S B I T E P R T T O Y
T P A V T L C S E R A T E N I
A C D E E B R B S D D C T E O
L O A R S W T R N I P D K Y T
S T A S S D I E E G O A A E A
N P A T C H C A B L E N I A T
R A E O T N T N O D E S S R R
E D B R I D G E N E T E B N N
N F A T P W N I A M O D D B Y
```

ADAPTER	NODE
ADDRESS	PACKET
BACKBONE	PATCH CABLE
BRIDGE	SERVER
DOMAIN	SWITCH
ETHERNET	TRAFFIC
GATEWAY	TRANSMISSION
LATENCY	TWISTED PAIR

```
A  C  I  N  R  R  W  R  A  C  G  R  R  Z  E
M  G  G  Y  N  O  E  B  A  C  R  R  A  A  C
I  L  R  N  A  I  I  M  E  U  C  A  R  M  I
A  A  A  E  U  W  B  M  C  B  D  T  A  B  A
A  L  O  E  E  O  R  R  C  A  I  L  C  I  I
I  I  R  C  D  C  I  O  B  I  N  A  S  A  E
A  I  L  I  C  N  E  C  N  U  I  R  O  F  C
R  I  A  E  R  O  A  O  M  S  C  B  M  R  R
N  O  R  I  A  D  R  Y  H  A  A  I  A  A  A
I  R  M  E  S  C  O  O  M  N  A  G  L  N  W
E  I  C  A  G  P  O  R  M  L  A  E  I  C  R
N  C  H  H  N  L  A  A  C  H  O  D  A  E  N
U  E  I  Y  B  I  A  I  E  N  I  A  R  K  U
R  A  L  E  N  N  A  E  N  D  R  A  I  A  M
B  M  E  N  A  T  U  H  B  A  O  O  L  I  A
```

ALGERIA
BHUTAN
BRUNEI
CAMBODIA
CHILE
CUBA
FRANCE
GIBRALTAR

GREECE
MOROCCO
NORWAY
ROMANIA
SOMALIA
SPAIN
UKRAINE
ZAMBIA

Greek Goddesses

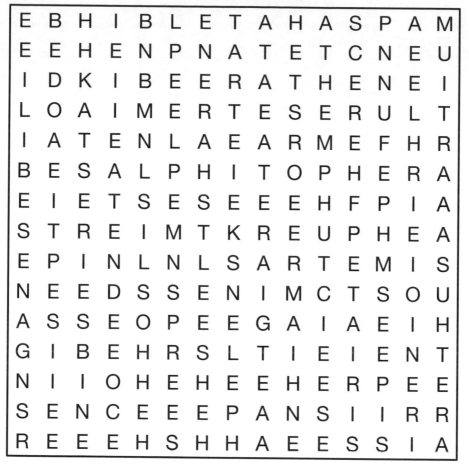

```
E B H I B L E T A H A S P A M
E E H E N P N A T E T C N E U
I D K I B E E R A T H E N E I
L O A I M E R T E S E R U L T
I A T E N L A E A R M E F H R
B E S A L P H I T O P H E R A
E I E T S E S E E E H F P I A
S T R E I M T K R E U P H E A
E P I N L N L S A R T E M I S
N E E D S S E N I M C T S O U
A S S E O P E E G A I A E I H
G I B E H R S L T I E I E N T
N I I O H E H E E H E R P E E
S E N C E E E P A N S I I R R
R E E E H S H H A E E S S I A
```

ALPHITO
APHRODITE
ARETHUSA
ARTEMIS
ATHENE
GAIA
HEBE
HECATE

HERA
IRIS
NEMESIS
NIKE
PERSEPHONE
RHEA
SELENE
THE FURIES

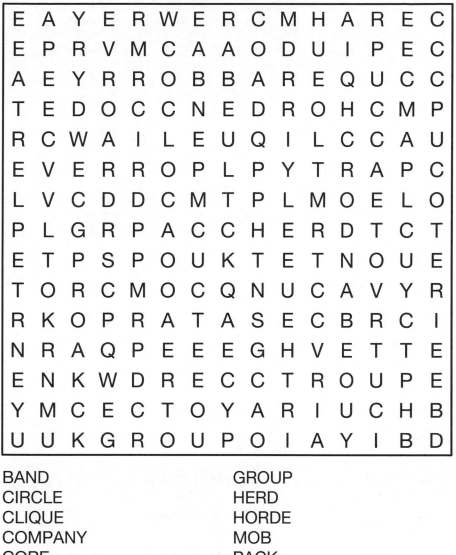

```
E A Y E R W E R C M H A R E C
E P R V M C A A O D U I P E C
A E Y R R O B B A R E Q U C C
T E D O C C N E D R O H C M P
R C W A I L E U Q I L C C A U
E V E R R O P L P Y T R A P C
L V C D D C M T P L M O E L O
P L G R P A C C H E R D T C T
E T P S P O U K T E T N O U E
T O R C M O C Q N U C A V Y R
R K O P R A T A S E C B R C I
N R A Q P E E E G H V E T T E
E N K W D R E C C T R O U P E
Y M C E C T O Y A R I U C H B
U U K G R O U P O I A Y I B D
```

BAND

CIRCLE

CLIQUE

COMPANY

CORE

COTERIE

COVEN

CREW

GROUP

HERD

HORDE

MOB

PACK

PARTY

SQUAD

TROUPE

Shades of Purple

```
I L P A M E T H Y S T P R E A
G O O E T L R A I S H C U F E
N G I Y O N T E Z I B E I H E
I A R R T S E G D Y B N N T A
P T G R I E N G Z N G R Y I R
A T N I O R P A A H E R E D O
L O E A I V N O G M I V E N S
A T R L L T I A R A B R A T E
T I O C I P I P N T Z A E L E
I T R U H R G P E T O L I I L
N E M I E I U G E O O I N P T
A I C T S R D S E I O D L M S
T V S C P I C I V I I H A E I
E I D L L E N T I G L A L O H
W C E A T R S T O R T T L A T
```

AMETHYST
BYZANTIUM
EGGPLANT
FUCHSIA
HELIOTROPE
INDIGO
IRIS
LAVENDER

MAGENTA
ORCHID
PALATINATE
ROSE
THISTLE
TYRIAN PURPLE
VIOLET
WISTERIA

```
A D V G T C U D E U Q A V G B
E Y T D C D D L E O O O I O F
T D S R R A U U V L H O A L O
R L E C U C N E S K L C D T O
O R K Y S U R T C W D A U A T
I H E A A B G A I E I E C D B
N L B G R T B A H L L N T E R
F I L I D P S O L K E C G D I
S L D E M I V E R L I V R A D
A G C U L E R B L L O I E O G
E G H B R D A B U B C T A R E
S U S P P T N U W A A D R L B
S S A W A C A G G A V C C I B
S S A K C S P V A V R A H A U
S S U S P E N S I O N D U R G
```

AQUEDUCT   LOG
ARCH   OVERBRIDGE
BASCULE   OVERPASS
CABLE-STAYED   RAILROAD
CANTILEVER   SUSPENSION
DRAWBRIDGE   SWING
FOOTBRIDGE   TOLL
HUMPBACK   VIADUCT

```
C A U G A T A R N N B W N S U
E A C O R C P N C O A G N O E
G D R C D B W D N N A U A N N
R A E A I N Y L E H O G N N A
C U G M A U L D C G U H A U O
A N A S W T L A M L H Y D N A
L U N U L R M A H S C N E R U
T C D G R Y I N M A O G D E I
I I I N I L E O N N W N A C N
G I D E R G R H N Y H U H P B
I Y O A P R D A D P A T T R I
R D L O I O I I A C I D A N O
B A R G I H O I R N U I U U G
G A A L R N L I R N H A T A W
N N C H C A E P O N A T O G S
```

AENGUS MAC OG   LUG
BRIGIT   MACHA
CERNUNNOS   MORRIGAN
CLIODHNA   NUADA
EPONA   OGMA
GOIBNIU   PWYLL
GWYDION   RHIANNON
LIR   TUATHA DE DANANN

```
R S Y O B E H T N E I E N J E
D S C I F N L T N E N O O O S
R C Y H Y O E O R M N N N S H
U T O O O U S M R U A P P T A
H H A T B U R U I S E S W H I
I G U O L T T Y B I T V N A I
L I N P O B E R O H Z P I N E
L T O O A S O E R N O Y O B E
O L I F S T D Z R O W M O H E
O E C T H N A N R T E O N B H
S E O E N O A T O R S O T K E
P R R V S O O H C M B K A O S
U S O E A L M Y N E S S C E G
Y A W A P E T S E N O O N A I
O J A C K S O N F I V E Y T B
```

BACKSTREET BOYS	OSMONDS
BOYZ II MEN	O-TOWN
DRU HILL	PLUS ONE
HANSON	REEL TIGHT
JACKSON FIVE	SHAI
JONAS BROTHERS	THE BOYS
NO MERCY	TROOP
ONE STEP AWAY	TRUE VIBE

```
S  K  F  W  F  O  W  S  B  N  N  C  U  G  E
O  G  C  R  R  A  N  Y  R  A  V  A  N  A  N
F  A  E  I  F  N  C  E  D  D  I  R  A  N  E
N  E  O  R  T  H  H  E  R  O  M  Y  A  P  E
W  L  G  O  E  S  I  E  M  N  O  T  A  R  A
I  G  N  U  U  I  P  N  O  A  I  N  C  E  F
N  E  O  L  O  N  E  I  N  K  S  P  D  Y  A
R  P  B  C  H  R  T  A  L  T  T  K  T  E  C
A  R  A  C  S  A  M  O  I  L  U  T  N  L  E
A  E  O  I  D  V  L  C  N  E  R  E  E  A  P
N  Z  I  N  S  L  K  R  H  B  I  E  I  S  O
A  N  U  I  I  I  D  C  I  Z  Z  I  A  H  W
A  O  W  O  D  A  H  S  E  Y  E  C  O  D  D
F  R  L  I  C  N  E  P  W  O  R  B  E  Y  E
V  B  E  Y  N  N  C  O  N  C  E  A  L  E  R
```

BLUSHER

BRONZER

CONCEALER

EYEBROW PENCIL

EYELASH DYE

EYESHADOW

FACE MASK

FACE POWDER

FOUNDATION

LIPSTICK

MASCARA

MOISTURIZER

NAIL VARNISH

PANSTICK

ROUGE

TONER

```
X D P T G I F R I D A Y S S C
O O S R T U H A Z Z I P P N C
H T B S S E R P X E A D N A P
H R A E T K P S O N Z I U Q D
T T I R H N C T A Y W S N U U
C S N A A T S A Y A Y Q N J S
H Y K D C B N A J B N K T E N
I N R E S A W I R K I Z W S H
C N Y S A B R A K N P E I A O
K E S N U J E L D C I T S P J
F D T S D A D O S N A T A F A
I I A A Y Y N N S J S J L R P
L R L Y I U K F E A R A U A A
A U F P T F I U Y L D I L A P
D R A S C S O D N A N H N T C
```

ARBY'S	KRYSTAL
CARL'S JR	NANDO'S
CHICK-FIL-A	PANDA EXPRESS
DENNY'S	PAPA JOHN'S
DUNKIN' DONUTS	PIZZA HUT
JACK IN THE BOX	QUIZNOS
JACK'S	SUBWAY
KFC	TGI FRIDAY'S

Secretaries of State

```
R R A S O A L S N S D X W N E
G E L L G Z R N R K G O I O N
E K T F A T X J E G E N L T E
N A G R L L K D G N O K L N I
S B C A E U E E N I R C I I K
L S O N X H C A I S G R A L S
A E R K A S N N S N E E M C U
K M D B N P A A S A M D P Y M
S A E K D E V C I L A N R R D
U J L E E G S H K T R A O A N
R I L L R R U E Y R S L G L U
N L H L H O R S R E H I E L M
A N U O A E Y O N B A H R I D
E A L G I G C N E O L P S H E
D E L G G T R G H R L A T H C
```

ALEXANDER HAIG
CHRISTIAN HERTER
CORDELL HULL
CYRUS VANCE
DEAN ACHESON
DEAN RUSK
EDMUND MUSKIE
FRANK B KELLOGG

GEORGE MARSHALL
GEORGE P SHULTZ
HENRY KISSINGER
HILLARY CLINTON
JAMES BAKER
PHILANDER C KNOX
ROBERT LANSING
WILLIAM P ROGERS

```
G A V N H E H I N G I S V A L
G G G R S A C A R M I I G T N
N T E A A A G O V N E V N C G
S A R R S D S O V H T A M O L
N H V E A S A R K H N N H N A
E E A R V H I G E E I I G N V
B M V R A E A R G N A S R O E
L O C S A T G A E M I E N R R
R V R E E P I F B A G V S S K
R C A G N L O L B N F I A E N
O E A O I R E V O G C C S V I
L N K E E O O S A V V I I V O
E S L C N H A E E C A N S N A
V O S A E A V K I N G E I R B
A A B C K B V N A D A L V C C
```

AGASSI	IVANISEVIC
BECKER	KING
BORG	LAVER
CONNORS	MCENROE
EVERT	NADAL
GRAF	NAVRATILOVA
HENMAN	SELES
HINGIS	SHARAPOVA

```
S E E H C A D A E H E N A W S
S A W T I G N I H G U O C H O
O S S I T L H I A R M I G R S
E E C H N N O E N H N T S R I
I E K H G N I Z E E N S A P S
S L O S S O F T A S T E U S P
E O G O O R H N H O D G E S M
A C R I Z A F I M E N N S E A
Z G E E S A V A K I I O E N R
A A I V T E C C W Z M C E K C
Z G Z I R H O O Z R I L I A G
T T G I A L R I R A G A A E S
S U N C B H D O O R W S S W O
E G H E T N A S A L P A I N A
A E E D I S W E A T I N G A A
```

BLOCKED EARS
COUGHING
CRAMPS
DIZZINESS
FATIGUE
HEADACHE
LOSS OF TASTE
NASAL CONGESTION

NASAL PAIN
SHIVERING
SNEEZING
SORE THROAT
STOMACH ACHE
SWEATING
THROWING UP
WEAKNESS

```
A P I R A N H A Q U K M R S P
S R C I S S E R R H R O H A I
I H K C A C A C U U E A I V N
R W K H H K R R O U N U S A A
O N N I R W R B C I G H A N G
A H P L K I I E S E C S H N G
V A I I C R B O O A O A O A O
C A B A A R R N W T T U K N B
U I N C A A A E A Z M Q C G O
T E T B C C H T M T A S O K T
Q S T C W S O U T H I A M W S
R N O O A P K A E S Z O M R K
A O G C C O N L P E E B A O U
N E I A A N I C A B P O H U N
N A R G C A Y A P A P R C T K
```

BARBECUE   PAPAYA
CANOE   PIRANHA
CARIBOU   POTATO
CASHEW   RACCOON
CHILI   SAVANNA
HAMMOCK   SKUNK
HURRICANE   SQUASH
MAIZE   TOBOGGAN

Adobe Applications

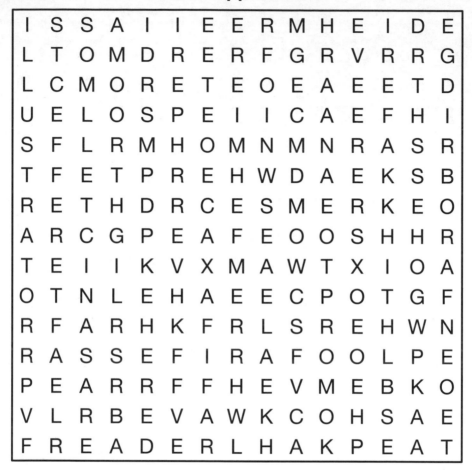

```
I  S  S  A  I  I  E  E  R  M  H  E  I  D  E
L  T  O  M  D  R  E  R  F  G  R  V  R  R  G
L  C  M  O  R  E  T  E  O  E  A  E  E  T  D
U  E  L  O  S  P  E  I  I  C  A  E  F  H  I
S  F  L  R  M  H  O  M  N  M  N  R  A  S  R
T  F  E  T  P  R  E  H  W  D  A  E  K  S  B
R  E  T  H  D  R  C  E  S  M  E  R  K  E  O
A  R  C  G  P  E  A  F  E  O  O  S  H  H  R
T  E  I  I  K  V  X  M  A  W  T  X  I  O  A
O  T  N  L  E  H  A  E  E  C  P  O  T  G  F
R  F  A  R  H  K  F  R  L  S  R  E  H  W  N
R  A  S  S  E  F  I  R  A  F  O  O  L  P  E
P  E  A  R  R  F  F  H  E  V  M  E  B  K  O
V  L  R  B  E  V  A  W  K  C  O  H  S  A  E
F  R  E  A  D  E  R  L  H  A  K  P  E  A  T
```

ACROBAT	FRAMEMAKER
AFTER EFFECTS	ILLUSTRATOR
BRIDGE	INDESIGN
DREAMWEAVER	LIGHTROOM
ENCORE	PHOTOSHOP
FIREWORKS	PREMIERE
FLASH	READER
FLEX	SHOCKWAVE

```
P E T H L E C T P L T O H W G
C S A Y O Y O E M J N A H D T
C H K R E O O T U S P I K R S
H O M R I I P M C P P I E O X
K V A R J W P A Y A S Y C A O
O E R R M R L F N S T U E A B
O H B H O L A D I D L C F C E
B A L P T M T N L I S E I K H
P L E I I O T E H U S T I T T
A F S L P H O I O E D N I M N
R P I Y E S U O H L L O D C I
C E S R O H G N I K C O R A K
S N I A R T K R O W K C O L C
E N K L P G H C O K H Y I E A
G Y P S B A T T L E D O R E J
```

BATTLEDORE	LUDO
CLOCKWORK TRAINS	MARBLES
DOLLHOUSE	ROCKING HORSE
HAPPY FAMILIES	SCRAPBOOK
HOOP AND STICK	SHOVE-HALFPENNY
JACK-IN-THE-BOX	TIC-TAC-TOE
JUMP ROPE	WHIP AND TOP
KISS-IN-THE-RING	YO-YO

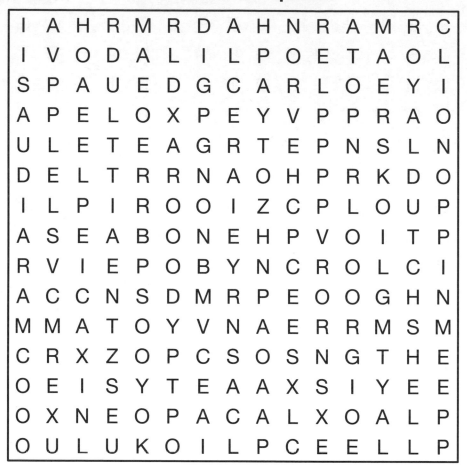

```
I A H R M R D A H N R A M R C
I V O D A L I L P O E T A O L
S P A U E D G C A R L O E Y I
A P E L O X P E Y V P P R A O
U L E T E A G R T E P N S L N
D E L T R R N A O H P R K D O
I L P I R O O I Z C P L O U P
A S E A B O N E H P V O I T P
R V I E P O B Y N C R O L C I
A C C N S D M R P E O O G H N
M M A T O Y V N A E R R M S M
C R X Z O P C S O S N G T H E
O E I S Y T E A A X S I Y E E
O X N E O P A C A L X O A L P
O U L U K O I L P C E E L L P
```

CHEVRON

ENI

EXXONMOBIL

GAZPROM

LUKOIL

MAERSK OIL

NIPPON OIL

PDVSA

PETROBRAS

PETROCHINA

PETRON

ROYAL DUTCH SHELL

SAUDI ARAMCO

SINOPEC

TOTAL

VALERO ENERGY

```
E R R G L E R E K C A R T O R
I I P E U O R C O H K R E P U
N O E R C M P S N B E T E L V
V R B E I I S E H E F K F A O
E H A K T V F H R E E H O N N
S T E A E G A F O A R H N T O
T P S T A E N T O E T L E D O
I R L F L E I O E E I I O D A
G O E E T I P A R E C I V C L
A D U I E I A J U K Y I I E K
T N T H I L A T O R O E L A U
O O H T H C P I N K E R T O N
R S E A K K F H F N P P A R P
O E T H I E F C A T C H E R C
T L F E B L O O D H O U N D R
```

BLOODHOUND   PRIVATE EYE
GUMSHOE   PRODNOSE
INVESTIGATOR   SHERLOCK
JACK   SLEUTH
OPERATIVE   TAIL
PINKERTON   THIEF-CATCHER
PLANT   THIEF-TAKER
POLICE OFFICER   TRACKER

Clouds

```
B A C U C U C M O L U S S S S
I S U B M I N O L U M U C S M
T U U U A O T U B S N S O A E
A L C T C R T C U A I U U F U
L U N C I N U S L M C T S P S
T M U U R N U L R L L A Y S U
O U R L R N E O C I R R U S L
S C S U O T F G G U O T U O U
T O U U S I A F O C A S N F M
R T A A T L T A U L O O U S U
A A C A R I A M U N U B U T C
T R R Y A L U D U U A M T C O
U T C N T L N C A L L I U S T
S S U U U U A A O S E N I C L
A S T S S L C O F U E V R T A
```

ALTOCUMULUS
ALTOSTRATUS
ARCUS
CASTELLANUS
CIRROSTRATUS
CIRRUS
CUMULOGENITUS
CUMULONIMBUS

LACUNOSUS
NIMBOSTRATUS
PYROCUMULUS
STRATIFORMIS
STRATOCUMULUS
UNCINUS
UNDULATUS
VELUM

```
L P E E L E C A S C A R P E R
D A P P U E S U C R C S P Y A
T A P R E E R A C Y S G H E R
O T R R R S A R N C R U E A A
R R R T O E C S E D R F L E E
T L C L M T S C A R E R E E O
P L Y G E C Y A Y T C E G A E
O D A U U N T M E C R P P E M
E T R T R R R P T T R C S S T
J T T C A S Y E T U S R D G A
R L R E L R T R T C T Y O A R
E R T E R U U E R N R J U D P
A T L U C U C P U E E C A R C
T S C M C S A R T E R R E T R
J S E G A L L O P M S C O O T
```

CAREER	SCAMPER
DART	SCARPER
FLEE	SCOOT
GALLOP	SCURRY
HURRY	SCUTTLE
JOG	SPEED
RACE	TEAR
RUN	TROT

```
T N P W H I S M E A R A C H R
D S I B E S S O D F O A N A M
E H E E R V T L R R I S S W E
A O N R H Y A S E E R N A A S
T T O S O E C C Z R D M N I A
H S T O L F N E H R O W R I V
V P S S Y R D C C T S Y O V E
A R W T M N N E B A O E A O R
L I O N P O N A I O N M N L D
L N L C I E D G O F O Y M C E
E G L Z C L V E G L I E O A G
Y S E D A C S A C H T R O N M
N O Y N A C D N A R G R T O R
T D D N K O B U K V A L L E Y
L S S E L D H E Y U V S O S P
```

BADLANDS	MAMMOTH CAVE
BRYCE CANYON	MESA VERDE
DEATH VALLEY	NORTH CASCADES
GRAND CANYON	OLYMPIC
HAWAII VOLCANOES	PETRIFIED FOREST
HOT SPRINGS	REDWOOD
ISLE ROYALE	YELLOWSTONE
KOBUK VALLEY	ZION

```
T R R O R S C H A C H T E S T
T R E V O R T N I I U N X O Y
A M R L L N T H N V O E T V P
L Z T M E C H A N I S M E L A
H P T R R E X S T I L R P R
H S E X E N S P L X M L N I E
L L I C V V E N N T S I A F H
E A I S E C O G A M I F L E T
P E E E R I E R O T R L I Z L
E I L E S A A A T A N U Z E A
J J P U A A H E I X P F A R M
E O L P L F C T J M E H T N I
H L T N E M E C A L P S I D R
I I A O P R O J E C T I O N P
A R M R F L R M G N E W N O R
```

CATHARSIS	INTROVERT
CUE	MECHANISM
DISPLACEMENT	PERCEPTION
EGO	PRIMAL THERAPY
EXTERNALIZATION	PROJECTION
EXTROVERT	ROLE REVERSAL
ILLUSION	RORSCHACH TEST
IMAGO	WISH FULFILLMENT

```
K  P  A  S  S  E  N  G  E  R  S  V  D  E  K
A  R  Y  R  E  G  K  I  L  R  I  B  O  R  C
R  T  O  W  B  A  R  R  I  E  R  S  E  R  L
U  M  I  W  S  E  E  S  Y  A  L  E  D  O
A  I  O  C  G  N  V  L  Y  D  E  R  L  T  C
D  W  S  O  K  N  H  A  B  A  K  N  T  R  K
E  D  E  I  R  E  I  A  D  A  L  C  P  L  R
P  A  G  I  L  G  T  R  D  R  T  P  A  D  H
A  R  A  W  W  A  N  M  E  P  A  E  S  R  K
R  R  I  K  H  G  A  I  A  E  E  U  M  I  T
T  I  R  T  I  R  R  A  T  C  N  I  G  I  D
U  V  R  S  S  R  O  O  S  I  H  I  D  R  T
R  A  A  N  T  R  A  I  N  H  A  I  G  A  R
E  L  C  G  L  E  B  I  N  T  R  W  N  N  W
S  S  E  C  E  G  S  I  P  L  D  A  H  E  E
```

ARRIVALS
BARRIERS
CARRIAGES
CLOCK
DELAYS
DEPARTURES
DISPLAYS
ENGINEERING WORK

GUARD
PASSENGERS
TICKET MACHINE
TIMETABLE
TRACK
TRAIN
WAITING ROOM
WHISTLE

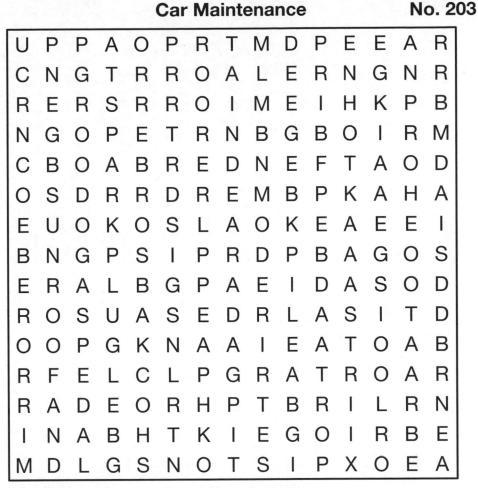

```
U  P  P  A  O  P  R  T  M  D  P  E  E  A  R
C  N  G  T  R  R  O  A  L  E  R  N  G  N  R
R  E  R  S  R  R  O  I  M  E  I  H  K  P  B
N  G  O  P  E  T  R  N  B  G  B  O  I  R  M
C  B  O  A  B  R  E  D  N  E  F  T  A  O  D
O  S  D  R  R  D  R  E  M  B  P  K  A  H  A
E  U  O  K  O  S  L  A  O  K  E  A  E  E  I
B  N  G  P  S  I  P  R  D  P  B  A  G  O  S
E  R  A  L  B  G  P  A  E  I  D  A  S  O  D
R  O  S  U  A  S  E  D  R  L  A  S  I  T  D
O  O  P  G  K  N  A  A  I  E  A  T  O  A  B
R  F  E  L  C  L  P  G  R  A  T  R  O  A  R
R  A  D  E  O  R  H  P  T  B  R  I  L  R  N
I  N  A  B  H  T  K  I  E  G  O  I  R  B  E
M  D  L  G  S  N  O  T  S  I  P  X  O  E  A
```

BRAKE PEDAL	MIRROR
DOOR	PISTON
ENGINE	RADIATOR
FAN	SEAT BELT
FENDER	SHOCK ABSORBER
GAS PEDAL	SPARE TIRE
GEARBOX	SPARK PLUG
HEADLIGHT	SUNROOF

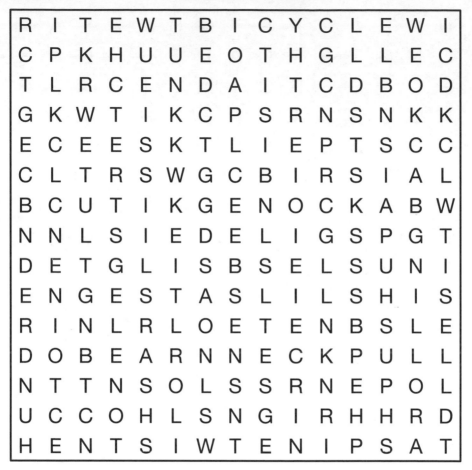

```
R I T E W T B I C Y C L E W I
C P K H U U E O T H G L L E C
T L R C E N D A I T C D B O D
G K W T I K C P S R N S N K K
E C E E S K T L I E P T S C C
C L T R S W G C B I R S I A L
B C U T I K G E N O C K A B W
N N L S I E D E L I G S P G T
D E T G L I S B S E L S U N I
E N G E S T A S L I L S H I S
R I N L R L O E T E N B S L E
D O B E A R N N E C K P U L L
N T T N S O L S S R N E P O L
U C C O H L S N G I R H H R D
H E N T S I W T E N I P S A T
```

BICYCLE
CONTROL BALANCE
DOUBLE LEG KICK
HIP TWIST
HUNDRED
NECK PULL
ONE LEG CIRCLE
ONE LEG KICK

ONE LEG STRETCH
PUSH UP
ROLLING BACK
SCISSORS
SIDE BEND
SPINE STRETCH
SPINE TWIST
TEASER

```
W H N N O S I D A M L R E N O
E N E N I N I L A H O S B N C
B O U M A O K O N O M W A O N
C S B C J G I O S E A M O N I
E R M L W N A E C S R L V N B
O E D O M G V E H C I A L E U
R F C U B E R I R D E O Y D S
N F N S L U N M G A C C E A H
O E N T M G C E O N S M L A S
M J N A T A O H I A K X N M S
E W R O N N D L A R N R I A O
S G N I Y E R A M N E T K B O
N N X G E S N L N A A R C O N
R O A L C A R T E R E N M D O
N O B N O S N H O J N I E J B
```

ADAMS
BUCHANAN
BUSH
CARTER
COOLIDGE
JEFFERSON
JOHNSON
LINCOLN

MADISON
MCKINLEY
MONROE
NIXON
OBAMA
REAGAN
ROOSEVELT
WASHINGTON

No. 206   **Crimes**

```
Z C S G N I H C A O P E E A L
T G O H O L R I E L N M X S L
G O P U O C O M J K L R T S N
E N R E N P A I E A R N O A I
R P I M M T L U T N C E R S K
T E B L S B E I I U M K T S O
O R D F A I E R F N N I I I S
I J R R E E N Z F T G T O N O
E U C C U O D A Z E I A N A G
D R U G S M U G G L I N G T T
K Y O R N A I I U I E T G I R
B S A Y R E B B O R L M I O I
K B I U U O R R J P D O E N D
P R S R C O R R U P T I O N G
N I N O L I A M K C A L B H T
```

ARSON
ASSASSINATION
BLACKMAIL
CORRUPTION
COUNTERFEITING
DRUG DEALING
DRUG SMUGGLING
EMBEZZLEMENT

EXTORTION
HIJACKING
HOOLIGANISM
MURDER
PERJURY
POACHING
ROBBERY
SHOPLIFTING

```
A X R G U A R D D O G O R A E
M T I K D I A T S R I F E P E
R H E A L I U C A D C S X M B
R T E R G A T E E H C Y E O I
P D N W I U L L E A A R L E H
E O O O E W T L P M G T S N X
A O H E E S D E I E S K T R S
G R P N I T P E N R M I P D I
A L P H O L C C B T D O O M R
C O W E A N Y U G R N E A A E
O C R N E E P I L R A R R E N
G K O F X C I X I T S B D I P
G N R I A I A M R A L A O T F
T U T A T N A R D Y H E R I F
M A N N O T T U B C I N A P E
```

ALARM
BARBED WIRE
BOLT
DOOR LOCK
EMERGENCY EXIT
ESCAPE PLAN
FENCE
FIRE DRILL

FIRE HYDRANT
FIRST-AID KIT
GATE
GUARD DOG
PANIC BUTTON
PHONE
SIREN
WHISTLE

```
T  C  S  P  S  E  T  D  E  S  I  G  N  E  R
I  R  A  G  R  O  E  S  Y  O  B  T  S  E  B
O  T  R  M  S  O  D  G  N  G  I  S  H  T  N
R  U  N  N  E  R  S  N  T  S  C  P  T  A  C
R  G  M  O  R  R  E  T  W  C  A  S  E  A  R
Y  R  R  G  I  A  A  R  H  R  M  A  E  B  E
T  T  E  N  N  T  E  M  G  E  R  P  F  E  N
I  S  F  S  O  I  A  O  A  E  T  B  T  M  H
U  B  F  T  E  I  T  Z  W  N  D  I  T  U  E
N  W  A  M  H  A  O  H  I  W  E  I  C  T  A
I  R  G  S  M  T  R  O  G  R  I  P  T  S  C
T  R  O  E  I  R  R  C  I  I  O  C  I  O  T
N  D  N  I  C  N  W  B  H  T  L  L  A  C  R
O  I  G  I  E  E  D  I  R  E  C  T  O  R  E
C  I  E  I  R  D  G  R  I  R  R  M  O  C  R
```

BEST BOY	GAFFER
CAMERAMAN	GRIP
CINEMATOGRAPHER	LIGHTING
COLORIZATION	PROSTHETICS
CONTINUITY	RESEARCHER
COSTUME	RUNNER
DIRECTOR	SCREENWRITER
EDITOR	SET DESIGNER

```
N P E C O N C E R T O S T V E
T T E L A R O H C Y M C E A V
E E A A E R A E E M Y S E A R
A D U L T R M A A E I T T C E
L A R H A A H T C A T A N R E
T N A R S R A F N O T S T T A
O E I S C C P O V N V E E Y E
Y R V T C S L A A D A M D R O
A E O O P O G C T N O O U R S
T S T D P A U E S T S T O T P
F A N T A S I A E P R O I E A
T E T N I U Q T A E Y C I U C
N W A L T Z E H V Y A F O N L
R R A E I C R O O I M O A I N
C S Q O U O T R I O E E N M D
```

CANTATA   OVERTURE
CHORALE   POLONAISE
CONCERTO   QUINTET
FANTASIA   RHAPSODY
GAVOTTE   SERENADE
MASS   TOCCATA
MINUET   TRIO
MOTET   WALTZ

The Roman World

```
B R N E C A I G E V R O N A U
E S J C R O E A A G A I R B L
L H U R I A R I I A A M E C A
G L D B G A N N N D O H G I L
I S A G T N I G U R N A M U M
C S E B A C T N I B I A S R I
A L A T I A H C A E I I L A C
B I I A S H A E E P T A E S H
E R A I S U A P A A S H T E I
B E C N U N A D N C O I L I H
G V A A T G A I I T H V H R R
A E A M N A A O L C E A I N N
R H I R O R R A E T I A E H A
H A R E P I T A I N A D I A N
I A E G A A O A E N R E P I R
```

ACHAEA   HISPANIA

ARMORICA   HUNGARIA

BELGICA   ISLANDIA

BRITANNIA   JUDAEA

CORNUBIA   LUSITANIA

DANIA   NORVEGIA

GERMANIA   PONTUS

HELVETIA   RAETIA

```
M T T R A P I N E C I F F O N
M T N U O M A E S A A O S O E
I M D I R M P R A R C M I R E
P P F T O I N E E A S S E T N
G G G I C U N G G Y I T I A Z
I N T P N C I S R V P T N E T
F A I W A O P A I A T C S G S
R R I A N U I D H T A I T A Y
R N A B M D E C O T Z R A S T
G M I G I A N T N M E T L S N
S O S S M T R E S I A S L A O
P E B O C E T A U A D I M P E
N U F E Z O N E E S I D E I N
S R W T I M A T I O D B N F I
A W S E C T I O N I O R T S L
```

AMOUNT	PART
CHAPTER	PASSAGE
DISTRICT	RATIO
DIVISION	REGION
FRAGMENT	SECTION
INSTALLMENT	SUBSIDIARY
LINE	WING
OFFICE	ZONE

They're All Ducks

```
S N N A Y X T N S A R V B H G
C I L M A T N A B R E V L I S
I U K R A I N I A N W H I T E
A N L P A E L D Y S N T C Y A
L I T A L N E N E A N A V A D
N M Y R G R O I I Y Y A O X A
N Y I A U X D T G U P E V N N
R K B E A N N S G P G G E C R
U B E S I T N A L N N P R H L
V I E T N A S E I Y I C B G L
S Y S A L X Y K R T K P E L D
A A L L N A E C A O E E R A L
E M A S R L A A E P P N G O B
A H N D B L G L S R E P E T N
C S L U L L E B P M A C A V P
```

APPLEYARD	ORPINGTON
BLACK EAST INDIAN	OVERBERG
BLEKINGE	PEKIN
CALL	RUNNER
CAMPBELL	SAXONY
CAYUGA	SILVER BANTAM
CHALLANS	UKRAINIAN WHITE
EAST INDIE	VENETIAN

```
E L M A G D G C N Y H C E T A
Y W E E D S M N T A N C G H I
H T T C N E N T O U R A G E G
C L I S N C D O M I M L M M E
R O C C I A R F H E A E N I D
A D E S E L I N O E F I R D O
N I C M U H A F E X F O L D E
A N L O A F T T E S T R I L C
F A O R N H D D N D S O H E O
O C G E R O B O N E S G E L N
S I M O D E R N F A M I L Y E
N R N D A S O S C U X E A E P
O E I S N O S P M I S E H T E
S M H O U S E O F L I E S T S
M A H T A I A E D A N M E E N
```

AMERICAN IDOL   MODERN FAMILY
BONES   NCIS
CSI   SEX AND THE CITY
DEFIANCE   SONS OF ANARCHY
ENTOURAGE   THE MENTALIST
GAME OF THRONES   THE MIDDLE
GLEE   THE SIMPSONS
HOUSE OF LIES   WEEDS

```
B B H U M A H N O B N H O J L
S T E W A R T C O P E L A N D
L C E Y C H B E S E L C R E D
E K E N N Y C L A R K E R E A
N L H O R G E V A D R I L L G
I S M F R E D B E L O W R R E
K E R N G Y H J D A O I T U V
S P N R J N O S K C A J L A E
R W L M A H B O C Y L L I B T
E D E N N I S C H A M B E R S
R N T E R R Y B O Z Z I O U L
E A T U I A L O C E I N N I V
T T E R R A B N O T L R A C G
E B I L L B R U F O R D B I Z
P D A V I D G A R I B A L D I
```

AL JACKSON JR	JACK DEJOHNETTE
BILL BRUFORD	JOHN BONHAM
BILLY COBHAM	KENNY CLARKE
CARLTON BARRETT	PETER ERSKINE
DAVE GROHL	STEVE GADD
DAVID GARIBALDI	STEWART COPELAND
DENNIS CHAMBERS	TERRY BOZZIO
FRED BELOW	VINNIE COLAIUTA

```
N M K S O M O N O P O L Y N C
T A A E L B B A R C S R O E A
G C T M A H J O N G G M B M K
E Y H A M E E M H O M S I E E
S R D A C Y S G O A P G P N S
C R N H S F E L G I O R N H S
A O I T A T O K H H L O H R E
R S M N B O C S S C S S E E O
K K R S K A E L R S C S X V C
A S E E B L U A A E L I A E A
O I T H T D M C S A L H T R M
T R S T O C R S A O M T R S B
N R A C O A E S D N E C T I J
G B M C C H R H B S T M R E R
G N T H C C S R E K C E H C S
```

BACKGAMMON
BATTLESHIPS
CARCASSONNE
CHECKERS
CHESS
HEX
LUDO
MAH-JONGG

MASTERMIND
MONOPOLY
REVERSI
RISK
SCRABBLE
SETTLERS OF CATAN
SHOGI
SORRY

Chemistry Lesson

```
S  I  L  Y  Y  B  U  F  F  E  R  R  P  A  A
L  I  N  A  D  O  R  E  O  R  R  A  O  E  A
C  I  S  D  T  B  I  C  I  Y  E  D  L  L  T
I  O  T  Y  I  S  C  T  E  B  P  I  Y  E  R
U  R  V  D  L  C  Y  Y  U  A  A  O  M  C  E
I  E  E  A  T  O  A  R  E  S  P  A  E  T  B
C  L  S  M  L  B  R  T  C  E  S  C  R  R  M
B  E  E  D  O  E  T  D  O  O  U  T  D  O  U
L  M  V  E  I  S  N  O  Y  R  M  I  O  D  N
B  E  I  A  O  L  I  T  I  H  T  V  Y  E  C
N  N  I  R  L  A  O  I  B  A  I  I  M  N  I
C  T  A  S  S  E  U  S  U  O  L  T  F  D  M
C  O  M  P  O  U  N  D  M  M  N  Y  E  B  O
H  C  O  Y  R  D  Y  C  L  O  T  D  L  U  T
P  R  S  T  L  R  O  B  Y  E  T  A  L  O  A
```

ATOMIC NUMBER	HYDROLYSIS
BASE	INDICATOR
BUFFER	ISOMER
COMPOUND	LITMUS PAPER
COVALENT BOND	POLYMER
CRYSTAL	RADIOACTIVITY
ELECTRODE	SOLID
ELEMENT	VALENCY

```
T X E S S R L L L P T P A O H
F T T T P A L M K A I U V U G
A S U M T U R U R R T L L E I
G C I A F O M O U E T A B W P
O K U X B I L I N O U I R D V
O G M I O A P U D G L A O T N
P K U S U N T B C I P D R I I
O L L K F P W O F A S I S E A
O I P I F V F S R P K K I L T
H G E R A O A O G S E U I C I
O R P T N C U F R T L O O R P
S A C T T N A E E D T M S I T
G S O T D F D T R M F U R A P
P S L L T N T A O C I T T E P
S K A S U T R I K S R E V O T
```

BOUFFANT	MIDISKIRT
CULOTTE	OVERSKIRT
FILIBEG	PAREO
FULL	PEPLUM
GRASS	PETTICOAT
HOOP	SARONG
HULA	UNDERSKIRT
MAXISKIRT	WRAPAROUND

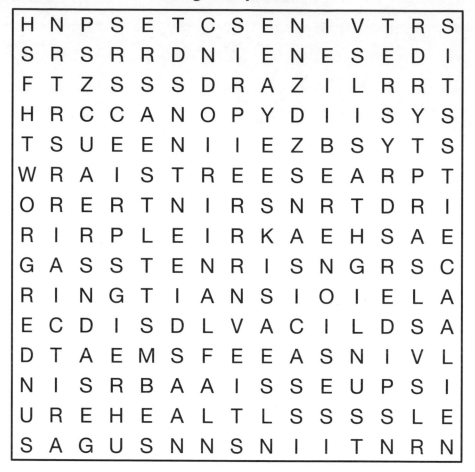

```
H N P S E T C S E N I V T R S
S R S R R D N I E N E S E D I
F T Z S S S D R A Z I L R R T
H R C C A N O P Y D I I S Y S
T S U E E N I I E Z B S Y T S
W R A I S T R E E S E A R P T
O R E R T N I R S N R T D R I
R I R P L E I R K A E H S A E
G A S S T E N R I S N G R S C
R I N G T I A N S I O I E L A
E C D I S D L V A C I L D S A
D T A E M S F E E A S N I V L
N I S R B A A I S S E U P S I
U R E H E A L T L S S S S L E
S A G U S N N S N I I T N R N
```

ANIMALS	NOISES
BIRDS	RAIN
CANOPY	REPTILES
DARKNESS	SPIDERS
FRUIT	SUNLIGHT
INSECTS	TREES
LEAVES	UNDERGROWTH
LIZARDS	VINES

```
E  I  P  E  P  P  E  R  O  N  I  P  B  A  O
A  E  M  T  V  B  E  E  F  E  O  K  P  L  E
N  H  B  E  L  L  P  E  P  P  E  R  S  S  B
O  M  O  A  P  I  V  P  S  S  L  I  B  A  E
O  I  M  A  L  A  S  N  E  N  E  R  R  A  L
L  L  A  S  G  E  E  I  E  M  E  B  P  E  P
E  U  E  R  I  K  V  G  E  H  E  L  M  C  P
N  R  O  C  C  O  A  E  E  C  M  E  I  C  A
I  E  E  I  H  S  I  E  U  T  O  O  U  B  E
S  C  H  C  U  C  E  E  O  C  O  R  B  T  N
E  C  N  A  I  S  S  U  O  P  R  M  H  O  I
V  A  S  I  E  A  A  U  N  H  H  R  A  H  P
I  P  P  E  U  O  E  E  I  H  S  A  L  T  A
L  R  H  C  B  L  K  M  O  H  U  L  O  C  O
O  C  E  E  I  A  V  I  N  E  M  C  B  N  E
```

ANCHOVIES	MUSHROOM
BARBECUE SAUCE	OLIVES
BEEF	ONION
BELL PEPPERS	PEPPERONI
CHEESE	PINEAPPLE
CHICKEN	SALAMI
CORN	SAUSAGE
HERBS	TOMATO

```
L B D I I O R I T I C W A D E
T H G I L F O Y A R L S D M S
H N O I T A R B E L E C D A E
C C H T V G A B T R L T C F I
B M A L I K E A V I R G I N R
K E R I D L V L K G O L S G O
S A D L H M I E B T N L U I T
R V C E O A A E R A N D M A S
L Y A A E P C U C H E L M O E
E R N E R A E I C T I A W W M
T O D A M B R A T S D T O C I
N C Y L L E C O C O V I C A T
E E D U M E H E N H R V E L D
R G E A E T C N G W E E R F E
O R E T L V A A G G D C H A B
```

AMERICAN LIFE	LIKE A VIRGIN
BEDTIME STORIES	MADONNA
CELEBRATION	MDNA
EROTICA	MUSIC
EVITA	RAY OF LIGHT
GHV TWO	REBEL HEART
HARD CANDY	TRUE BLUE
LIKE A PRAYER	WHO'S THAT GIRL

```
H I N E I G H T W I N G E N V
O S M F I N U T P N S E A R F
E M I W S I R U R S G N S U G
N G P I T B T S R U G O O N N
V O O E I B R W M U R R H N A
R S U T N O P H I E T H U Y P
G U N H G R E S T F E I R N T
D F D A I H H H P S G S O O U
H F I A N T R N S N T I U S F
U E N U G O H E I G T S O E C
E R G G A Y N T E C C F V O I
N I F T S E R T E H I E U G U
U N G A R A I F I N R G H E O
G G I O M R N L V N H C A S N
N U S S I I L R G F A H R G G
```

ANGUISH	RUNNY NOSE
CHILL	SMARTING
COUGH	SORE THROAT
FEVER	SORENESS
HURT	STINGING
INFECTION	SUFFERING
PANG	THROBBING
POUNDING	TWINGE

```
A Y S R B R A V E H E A R T C
A T S I L S R E L D N I H C S
D U E U R O N O U Y H E C H E
C A A N C A Y L E D D O E D E
E E P K M U N N E U O E S S
F B Y N R T N A P T K I P S A
S N I M A U G A O C D P S H R
I A G G M R F H R L T S O R
R C A R O T A I D A L G G I A
A I N A E F C D T S B T N S H
R R U D R A I O E H D A I C I
N E V I G R O F N U E G K E F
A M C O D N F S D O S I E A S
O A H V F D A L N I E B H P D
D B T D T S I T R A E H T D A
```

AMADEUS
AMERICAN BEAUTY
BRAVEHEART
CHICAGO
CRASH
GANDHI
GLADIATOR
OUT OF AFRICA

PLATOON
RAIN MAN
ROCKY
SCHINDLER'S LIST
THE ARTIST
THE DEPARTED
THE KING'S SPEECH
UNFORGIVEN

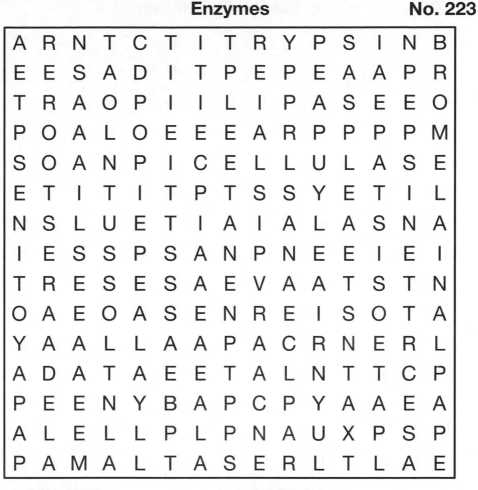

```
A R N T C T I T R Y P S I N B
E E S A D I T P E P E A A P R
T R A O P I I L I P A S E E O
P O A L O E E E A R P P P P M
S O A N P I C E L L U L A S E
E T I T I T P T S S Y E T I L
N S L U E T I A I A L A S N A
I E S S P S A N P N E E I E I
T R E S E S A E V A A T S T N
O A E O A S E N R E I S O T A
Y A A L L A A P A C R N E R L
A D A T A E E T A L N T T C P
P E E N Y B A P C P Y A A E A
A L E L L P L P N A U X P S P
P A M A L T A S E R L T L A E
```

BROMELAIN	PAPAYOTIN
CELLULASE	PECTINASE
INVERTASE	PEPSIN
LACTASE	PEPTIDASE
LIPASE	PROTEASE
MALTASE	ROOTS
PANCREATIN	TRYPSIN
PAPAIN	XYLANASE

In the Public Domain

```
F A V A I L A B L E I E T O B
R A U D U N I V E R S A L D U
E E M N P O B P L A I N S N I
P U C O T N A C C M I V R L E
I L L T U N N C P D L E F I X
O M I E N S E O A A S O P L P
U I S P L S R E I T B D B L O
I O O U S T R T R V E R N U S
N I P I A P N I I H O I K S E
B E B N S E C O S V B D N T D
M L T E U T U I E S E M O R E
E T D L E S L R N I U L W I I
L I F D I B T S B N I T N O I
W N V O U L A I C I F F O U N
I L T P P L T E N D M S T S C
```

ACCESSIBLE
AVAILABLE
EXPOSED
FAMOUS
ILLUSTRIOUS
IMPORTANT
INFLUENTIAL
KNOWN

OBVIOUS
OFFICIAL
OVERT
PLAIN
PUBLISHED
UNIVERSAL
UNRESTRICTED
WIDESPREAD

```
R E P E N S R E S S O I K P R
J I E O O E H E U N S C A R A
I U I S U I T O R O O W H O T
R A L R M S P A R K V U E M I
N E S I K L P W M A U O A A L
O V A E E A S O L E E U D N J
I L V O S T S E O D E O O C H
A O E S I C N H E G E S V E A
L N I P O T H S N K U C E E S
P O E N I E I E T U O H R J S
N S P N I R R E R N N I H N S
M I E E E C S S S I H U E S O
C A L J I T C R E S S P E L K
L I D N O E M O R I I H L R H
U L L O I R U O M A E K S N I
```

AMOUR
CHERISH
DESIRE
HEAD OVER HEELS
HUG
JULIET
KISS
LIAISON

LOVE
PASSION
ROMANCE
ROMEO
SPARK
SUITOR
VALENTINE
WOO

Pens

```
E A S E N H E F P P Q L L P P
L M X A L R I L E T L A A R P
R A T H P L L F B A O R R I H
L R E N R E O P R A K R T R L
M K G R I U R E B E S R E M T
L E F E N O P M R I E A E E I
I R I T E F P P A B R E R A D
L B A H R L U L I N I O P E R
R I L G O U I F L N E M I I O
N U I I A X P O E A R N D A A
H E I L F P E A R B B R T I O
A E B H O E E I P R A H S T H
K H N G I N L D L L I U Q G R
A N U I H T N I R R E B R E I
E L E H R O L L E R B A L L F
```

BALLPOINT
BIRO
DIP
ERASABLE
FIBER TIP
FLUX PEN
FOUNTAIN
GEL

HIGHLIGHTER
MARKER
PARKER
PERMANENT
QUILL
REED
ROLLERBALL
SHARPIE

```
N A A H S R U P H D O J C P S
A E I U H O T P A N T S A N P
P R S E H C E E R B S G P D A
H C N I S R E T S P I H R U C
H C O S S D D L N S C G I N R
A A S M O L R E O A E N P G D
H R S W B L E A N N S E A A A
R G T A E A E N I I E P N R C
R O F S J A T G N N M H T E S
T P S N L E T P G A P S S E L
D A S G N S A P A I L I E S A
R N L I E A R N A N N F P E C
S T B I A B S T N T G D E K
S S I O C I G T N A T S S C S
A P L U S F O U R S S S T C I
```

BREECHES   HIPSTERS
CAPRI PANTS   HOT PANTS
CARGO PANTS   JEANS
COMBAT PANTS   JODHPURS
DENIMS   LEGGINGS
DRAINPIPES   PLUS FOURS
DUNGAREES   SLACKS
FLANNELS   SWEATPANTS

Creepy-crawlies

```
R A I I F F E C O E O B E B H
R E P P O H S S A R G U I S Y
O F O O I E T T A R P E I O L
T E C P M O U R U E R T C O F
A T M A A O T B U R A I G A O
N U E R T M S N A A E P R U L
G L G K O E O Q I R S R M E B
R L A N C W R A U K G O G M S
T T U Y U I O P M I T U H R Y
A F B S F O R Y I H T R L Q P
N B E A R U M C L L R O T S S
T D Y C T I R T S A L E E B P
T S P I D E R E T P E A S C N
P A T L U G T R R I P N R O M
F L E A G H H C A O R K C O C
```

ANT	GNAT
BEE	GRASSHOPPER
BUG	GRUB
CATERPILLAR	MOSQUITO
COCKROACH	MOTH
CRICKET	SLUG
FLEA	SPIDER
FLY	WORM

```
L T N N E I L H A S C O C R I
P O L L A C S N N O A B L E R
M C S M I M E L C L O L E C A
N C O T S L T H S I F Y A R C
E A B W O H R L R T C I E E N
L O O S R A I V C R T M R V O
L C V N N I R P M B R C S I T
T L O B S T E R W O O O O L I
I C V S E F T O H O Y I O O H
R T O E C O U O K S R P R T C
B O T C B T E K T P R M O C O
C O I R K O Y E I A M L M O B
O H U T O L R S W N O R R A M
Y T I S L L E N C R C O I L C
S H S I F E L T T U C I N A S
```

CHITON	OLIVE
CLIO	ORMER
COCKLE	OYSTER
COWRIE	PRAWN
CRAYFISH	SCALLOP
CUTTLEFISH	SHIPWORM
LOBSTER	SOLEN
MARRON	TURBO

No. 230   **Bargain Hunting**

```
O T G C H A R I T Y S A L E E
E R Y A R D S A L E J A Y L Y
D U E M R B O K N A O T A A O
E M L F E A D R N C E S D S B
L M W R F F G U O K N S N G A
A A E O A O A E R O E F O N F
S G O N H R L A S U R E M I O
G E A G Y S M A T A S A K K R
N S G S O A E R I O L F C A C
I A A B E S E D O C E E A T E
N L C L F B A L A L E Z L K D
E E F O Y O M D E R A P B C S
P B D C A E S A O B T O S O A
O N L I N E A U C T I O N T L
E C L O C D I S P S K R A S E
```

BAZAAR
BLACK MONDAY
CHARITY SALE
CYBER TUESDAY
END-OF-SEASON SALE
FLEA MARKET
FORCED SALE
GARAGE SALE

JANUARY SALE
ONLINE AUCTION
OPENING SALE
RUMMAGE SALE
SPECIAL OFFER
STOCKTAKING SALE
TRADE SHOW
YARD SALE

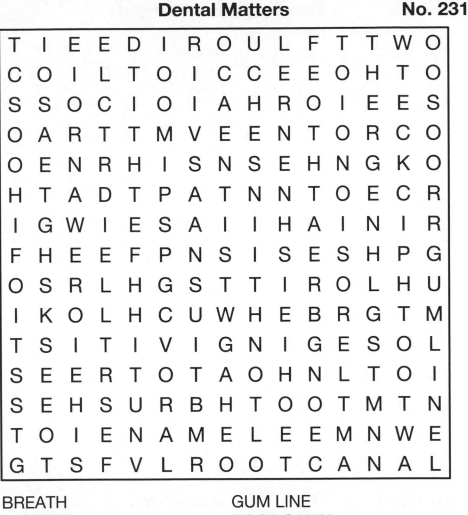

```
T  I  E  E  D  I  R  O  U  L  F  T  T  W  O
C  O  I  L  T  O  I  C  C  E  E  O  H  T  O
S  S  O  C  I  O  I  A  H  R  O  I  E  E  S
O  A  R  T  T  M  V  E  E  N  T  O  R  C  O
O  E  N  R  H  I  S  N  S  E  H  N  G  K  O
H  T  A  D  T  P  A  T  N  N  T  O  E  C  R
I  G  W  I  E  S  A  I  I  H  A  I  N  I  R
F  H  E  E  F  P  N  S  I  S  E  S  H  P  G
O  S  R  L  H  G  S  T  T  I  R  O  L  H  U
I  K  O  L  H  C  U  W  H  E  B  R  G  T  M
T  S  I  T  I  V  I  G  N  I  G  E  S  O  L
S  E  E  R  T  O  T  A  O  H  N  L  T  O  I
S  E  H  S  U  R  B  H  T  O  O  T  M  T  N
T  O  I  E  N  A  M  E  L  E  E  M  N  W  E
G  T  S  F  V  L  R  O  O  T  C  A  N  A  L
```

BREATH
CAVITIES
CHEW
ENAMEL
EROSION
FLOSS
FLUORIDE
GINGIVITIS

GUM LINE
ROOT CANAL
SMILE
TEETH
TOOTHBRUSH
TOOTHPASTE
TOOTHPICK
WHITENING

They Might Be Charged

```
A D M T L B A T T E R Y R N A
R R U L A A D L F R B O T D C
L A S E L Y P A N P D O R A N
A C I L P U S A I A O E M L O
N T C C O L T A T T V E O E I
I I P I T M T A H A R T N T T
M D L T P C M B H A H O H N A
I E A R A C R S R G H U D T U
R R Y A L U M C I P P P S V T
C C E P S O V L L D C E L V I
L Y R H P A H L U T T P T C S
C I R R N S E L E Y I U E T L
A A S T A C P O A M E E F R E
L T A L L R E L E T T Y I O R
M S F S O L A R L A M P A S B
```

BATTERY
CAMERA
CELL PHONE
CREDIT CARD
CRIMINAL
FEE
FLASHLIGHT
LAPTOP

MATADOR
MUSIC PLAYER
PARTICLE
SATNAV
SHAVER
SITUATION
SOLAR LAMP
TOOTHBRUSH

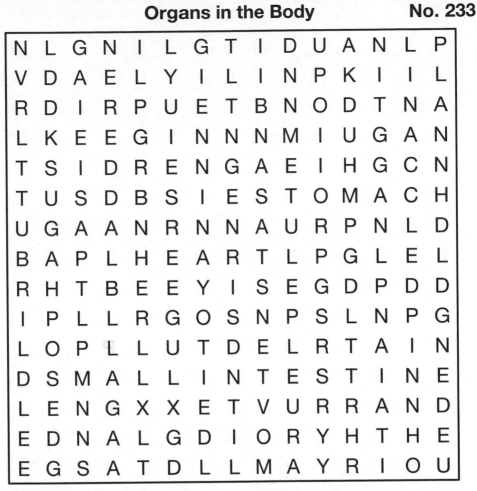

```
N L G N I L G T I D U A N L P
V D A E L Y I L I N P K I I L
R D I R P U E T B N O D T N A
L K E E G I N N M I U G A N
T S I D R E N G A E I H G C N
T U S D B S I E S T O M A C H
U G A A N R N N A U R P N L D
B A P L H E A R T L P G L E L
R H T B E E Y I S E G D P D D
I P L L R G O S N P S L N P G
L O P L L U T D E L R T A I N
D S M A L L I N T E S T I N E
L E N G X X E T V U R R A N D
E D N A L G D I O R Y H T H E
E G S A T D L L M A Y R I O U
```

APPENDIX

BRAIN

ESOPHAGUS

GALLBLADDER

HEART

KIDNEYS

LARGE INTESTINE

LIVER

LUNGS

PINEAL GLAND

PITUITARY GLAND

PLEURA

SMALL INTESTINE

SPLEEN

STOMACH

THYROID GLAND

Spring Clean

```
K A U S W A S H I E S H S U S
A T F U M I G A T E U U R P A
P M R I A H S E R F H E A R G
F R E S H E N U P E A R I U U
N S Y E F H M E U R K N N M P
P R O H A P P H L S S E K U
E R I A P D L A E E H P E M
E R R S P P Y E H T R L M E O
W E R B Y I O N S E D U S E I
S Y U U R A D L D R U M P O D
K T E R D N V N I C S E P U P
P P S C I H U Y A S T D W O F
O M H S E A D V E D H P T B T
E E D Y L I S M R H P E R E R
H N T A T H B S I D R D U C I
```

DRY	RINSE
DUST	SCRUB
EMPTY	SOAP
FRESH AIR	SPARKLE
FRESHEN UP	SWEEP
FUMIGATE	TIDY
LAUNDER	VACUUM
POLISH	WASH

```
A  P  D  A  L  R  S  A  D  K  D  L  K  N  T
P  D  L  E  A  D  A  T  A  L  T  S  D  F  E
I  D  T  V  E  I  T  Y  R  F  A  A  A  O  T
D  E  I  E  C  D  A  E  M  S  A  G  A  S  E
E  T  F  D  A  K  F  S  M  P  I  E  T  R  N
I  L  P  D  A  E  O  A  A  L  O  T  N  E  E
F  D  E  S  R  L  P  A  A  R  S  R  Y  T  T
I  R  N  A  O  E  E  L  R  T  R  O  T  O  R
E  O  F  S  Y  M  E  O  E  C  M  A  D  A  M
D  A  R  I  E  V  P  C  E  V  R  C  P  Y  F
M  N  A  E  E  R  I  A  I  S  I  A  R  F  O
I  F  D  L  D  V  T  S  R  L  T  R  D  D  R
N  R  P  E  I  D  P  D  D  N  O  A  D  A  S
I  M  I  C  R  F  E  S  G  A  T  L  T  I  R
M  D  E  S  A  R  I  R  V  A  D  A  D  S  D
```

CIVIC	RADAR
DEED	REDDER
DEIFIED	REFER
KAYAK	ROTOR
LEVEL	SAGAS
MADAM	SOLOS
MINIM	STATS
PEEP	TENET

Dog Breeds

```
V N A U H A U H I H C R H O D
R R A R P F E T B E R S E M O
U E U G E L R R V E E G O E R
I O X D D E O M V T R R T O N
R E P O T D F E T E D G B T U
I E O N A H I E A D G S L E T
P P I R D R R T N E E O I E U
H O B P T O D X R A R M I H M
P A U E I A S H I H T Z U U A
L G R U N V B D N U O H X O F
T E S E F D A L M A T I A N R
T T R I G R E Y H O U N D N Z
D F S R E I R R E T E O L R I
B O X E R B E A G L E R I L R
H E I F F I T S A M R F I A T
```

BEAGLE	MASTIFF
BOXER	POINTER
CHIHUAHUA	POODLE
DALMATIAN	PUG
FOXHOUND	RETRIEVER
GREAT DANE	SETTER
GREYHOUND	SHIH TZU
LABRADOR	TERRIER

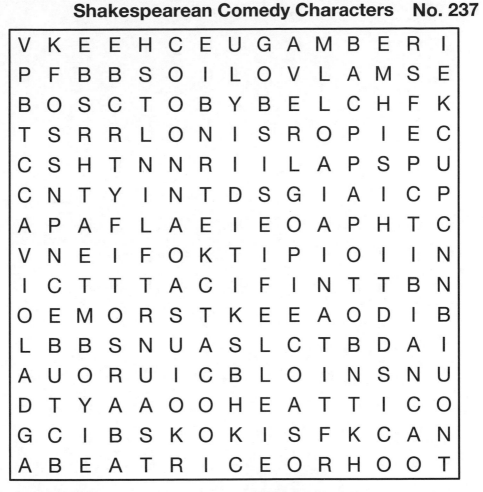

```
V K E E H C E U G A M B E R I
P F B B S O I L O V L A M S E
B O S C T O B Y B E L C H F K
T S R R L O N I S R O P I E C
C S H T N N R I I L A P S P U
C N T Y I N T D S G I A I C P
A P A F L A E I E O A P H T C
V N E I F O K T I P I O I I N
I C T T T A C I F I N T T B N
O E M O R S T K E E A O D I B
L B B S N U A S L C T B D A I
A U O R U I C B L O I N S N U
D T Y A A O O H E A T T I C O
G C I B S K O K I S F K C A N
A B E A T R I C E O R H O O T
```

AGUECHEEK
ANTONIO
BEATRICE
BIANCA
DON PEDRO
FALSTAFF
MALVOLIO
ORSINO

PETRUCHIO
PORTIA
PUCK
SEBASTIAN
SHYLOCK
TITANIA
TOBY BELCH
VIOLA

Apple Varieties

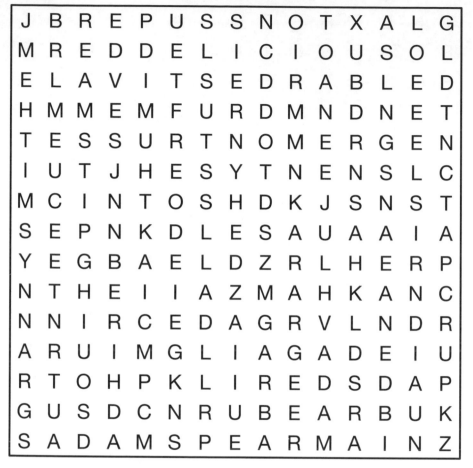

```
J B R E P U S S N O T X A L G
M R E D D E L I C I O U S O L
E L A V I T S E D R A B L E D
H M M E M F U R D M N D N E T
T E S S U R T N O M E R G E N
I U T J H E S Y T N E N S L C
M C I N T O S H D K J S N S T
S E P N K D L E S A U A A I A
Y E G B A E L D Z R L H E R P
N T H E I I A Z M A H K A N C
N N I R C E D A G R V L N D R
A R U I M G L I A G A D E I U
R T O H P K L I R E D S D A P
G U S D C N R U B E A R B U K
S A D A M S P E A R M A I N Z
```

ACKLAM RUSSET
ADAMS PEARMAIN
ASHMEAD'S KERNEL
BRAEBURN
DELBARD ESTIVALE
EGREMONT RUSSET
FUJI
GALA

GOLDEN DELICIOUS
GRANNY SMITH
JAZZ
LAXTON'S SUPERB
MCINTOSH
MERIDIAN
PINK LADY
RED DELICIOUS

```
P R M I R N E O M C B T Y A C
R N M E R S O D D U A O I V V
N O D N O L M O C L G N N U N
V B I N D B O O Y A M O N S V
R E E T G E N N V A L G N E O
T E N N R I T P S N O G D T S
T T K I L N R R E N A E A N A
R N A R C R E E S I N R I R E
Z O E M O E A W O B M L O N Y
E B Y E P C L T E T B A R C G
E Y E E G E A N N U N E I D Y
L N N E W S R A D A A O O M A
I O D E E L N E N N E N R N Y
C Y Y B E R G A Z O A O N O L
A N S A E E P R A G U E E A T
```

ANTWERP	MONTREAL
BERLIN	NYON
CALGARY	PRAGUE
CANNES	SYDNEY
CORK	TAMPERE
DUBLIN	TORONTO
LONDON	VENICE
MIAMI	ZAGREB

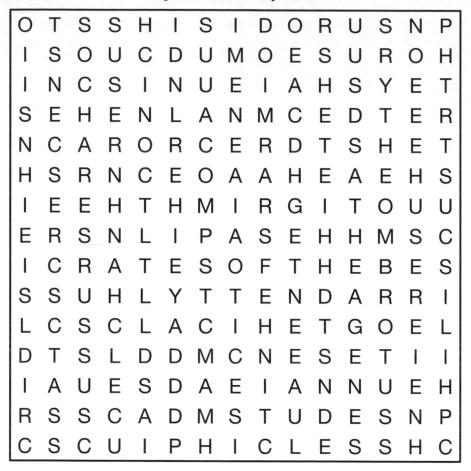

```
O  T  S  S  H  I  S  I  D  O  R  U  S  N  P
I  S  O  U  C  D  U  M  O  E  S  U  R  O  H
I  N  C  S  I  N  U  E  I  A  H  S  Y  E  T
S  E  H  E  N  L  A  N  M  C  E  D  T  E  R
N  C  A  R  O  R  C  E  R  D  T  S  H  E  T
H  S  R  N  C  E  O  A  A  H  E  A  E  H  S
I  E  E  H  T  H  M  I  R  G  I  T  O  U  U
E  R  S  N  L  I  P  A  S  E  H  H  M  S  C
I  C  R  A  T  E  S  O  F  T  H  E  B  E  S
S  S  U  H  L  Y  T  T  E  N  D  A  R  R  I
L  C  S  C  L  A  C  I  H  E  T  G  O  E  L
D  T  S  L  D  D  M  C  N  E  S  E  T  I  I
I  A  U  E  S  D  A  E  I  A  N  N  U  E  H
R  S  S  C  A  D  M  S  T  U  D  E  S  N  P
C  S  C  U  I  P  H  I  C  L  E  S  S  H  C
```

ANTISTHENES	MENEDEMUS
ASCLEPIADES	PHILISCUS
CRATES OF THEBES	SOCHARES
CRESCENS	SOTADES
HERACLIUS	THEAGENES
HORUS	THEOMBROTUS
IPHICLES	THRASYLLUS
ISIDORUS	TIMARCHUS

```
E N S A M O P E R A T O R A A
R G W A D E L R R Y Y R I T O
L L A C E C N E R E F N O C P
L A E S R M A B I L T P S E A
L T I O S C L M N E U E L L L
O O A D O E U U R P G E L L A
C P D D Y I M N S A N A O O R
A E E R S R A D P A N A O C S
L N L L A T A E G L E E L M
C O B L I C T T I D S B E L A
A T L O P I M S O A R E L A O
L L N L H H Y I E R N O C C T
L A E W L S O L S R A C C N O
L I L G U T E N O H P K S E D
E D A B E L R U E A K O U R R
```

AREA CODE	LOCAL CALL
BUSY SIGNAL	OPERATOR
CALL COLLECT	RECORDED MESSAGE
CELL PHONE	ROTARY DIAL
CONFERENCE CALL	SIM CARD
DESK PHONE	TOP UP
DIAL TONE	UNLISTED NUMBER
INTERNATIONAL	WHITE PAGES

No. 242   Branches of Engineering

```
U  T  O  I  P  R  T  N  U  M  R  R  R  T  M
U  C  C  N  T  I  C  A  A  A  S  M  A  R  M
E  I  L  T  G  R  A  E  L  N  U  U  M  O  R
U  N  R  A  A  C  O  M  P  U  T  E  R  P  R
U  O  V  R  R  G  V  N  G  F  I  L  R  S  N
C  R  N  I  U  U  R  T  U  A  A  O  N  N  N
E  T  L  A  R  U  T  L  U  C  I  R  G  A  T
N  C  E  A  N  O  L  C  I  T  L  T  I  R  U
E  E  A  O  S  G  N  T  U  U  R  E  V  T  N
R  L  O  P  R  L  S  M  U  R  C  P  A  F  I
G  E  O  T  S  U  O  R  E  I  T  I  A  R  L
Y  L  R  I  O  O  T  P  V  N  M  S  M  E  L
E  R  L  C  R  A  R  I  C  G  T  M  U  I  N
C  O  A  A  M  O  L  E  C  U  L  A  R  L  I
O  G  E  L  O  E  N  U  A  O  E  T  L  U  P
```

ACOUSTICAL	MANUFACTURING
AEROSPACE	MOLECULAR
AGRICULTURAL	NANO
CIVIL	NUCLEAR
COMPUTER	OPTICAL
ELECTRONIC	PETROLEUM
ENERGY	STRUCTURAL
ENVIRONMENTAL	TRANSPORT

```
A O I T E C L L H A B E T I D
I D B K L N T I T G B M L B T
G I I O I S A A S S I N I A O
I S T S B B N L D L E E G A I
L B L K S N I N P G E R L A G
I L G S E N O T S A I D A S C
S A O T I N O T K C U B N V O
I S I G S O I W E A R Q E S A
K E S E N B V S B L E E A L S
S E M I K S K A I O E R E E T
R D I V K A K O R E A K O G E
A I N I T L R K N T R R S N R
G L D I U E E G E A S E D A L
I G N G P S N A G G O B O T P
A G E P I L S A U E O N K R S
```

AQUAPLANE
COASTER
GLIDE
ICE SKATING
KIBITKA
LUGE
SKELETON BOB
SKID

SKIM
SKIS
SLED
SLEIGH
SLIP
SNOWBOARD
TOBOGGAN
TRAVOIS

Greetings Cards

```
Y M W R N E U S O I A D K B S
J B S G E T W E L L S O O N U
U T H I N K I N G O F Y O U Y
S G A O T N H O P W L I O A H
T N H A P P Y B I R T H D A Y
B I E O N T A T N A I S P M A
E V B S C N H B L H E P L O D
C A O A U L I U T N Y P S T S
A E J O O O T V I N B R L H R
U L W V Y A H T E R N D E E E
S E E N R E N W W R H I E R H
E R N G A E Y S E A S W J S T
H U N R L E D L P N A A H D A
E O W A A H A H U V Y L R A F
C Y V R E E J S S L T I P Y V
```

ANNIVERSARY   JUST BECAUSE
BAPTISM   MOTHER'S DAY
CONGRATULATIONS   NEW HOUSE
DIWALI   NEW JOB
FATHER'S DAY   THINKING OF YOU
GET WELL SOON   VALENTINE'S DAY
HAPPY BIRTHDAY   WITH LOVE
HAPPY NEW YEAR   YOU'RE LEAVING

```
W A Y P A E B P E U I W I P I
M X P Y O P P S U H P E L E T
I N N M H E E L Y P I S P Y H
I N H B S E H L I B P T S N E
H C O I E U C P I H E P P E R
E A P H P H A U I A E A S P I
A P B Y P P M L B H D T L N S
L B O A R O O H E A N E T L T
C C A I L C R L P H L A S U A
E S I C T D D E Y E C E O M I
S B E E C N N A L T E R E E P
T O T I H H A E C L U D A H I
I E P P I N A L E M E S I W O
S O R D N A X E L A U B L U E
T E Y C E S L Y A I A P I D M
```

ALCESTIS
ALEXANDROS
ANDROMACHE
ANTIOPE
ARCHELAUS
BACCHAE
BELLEROPHON
HECUBA

HIPPOLYTUS
HYPSIPYLE
MEDEA
PELIADES
PHILOCTETES
TELEPHUS
THERISTAI
WISE MELANIPPE

Atomic Metals and Semimetals

```
Y H N M M I M M M U N A H A M
N C C A O O M U M I M I M N U
O I B E E S I A C I P N I I I
M E H N S N M I G E E A O O M
I M E U E I N U M N S T N B S
T I U H M E U L I C E O A I O
N B T I S R E M A M E S M U N
A U I R D K E N N S O U I M M
R N A T C I D I E G I R O U E
I D N I H I B N R D C I H A M
M R N A U U A U A I D B O C U
E I M M P G L L R O D I U N I
E P M S N I L I Y N U I M C B
I I M A A A U M U E A C U I R
I I M M P I M R I M N O I M E
```

ANTIMONY
ARSENIC
CESIUM
CHROMIUM
ERBIUM
IRIDIUM
MAGNESIUM
MANGANESE

NICKEL
NIOBIUM
OSMIUM
PALLADIUM
RUBIDIUM
RUTHENIUM
SCANDIUM
THULIUM

```
S  H  T  N  H  I  A  S  L  S  E  T  E  O  G
L  N  A  H  H  I  E  T  H  L  A  N  T  S  P
L  T  O  G  R  O  O  E  L  P  D  Y  R  U  S
O  H  D  I  V  I  N  E  E  Y  Z  E  R  S  P
D  E  I  I  T  E  B  P  L  A  Y  P  D  S  O
T  H  E  S  H  A  N  G  R  I  L  A  S  I  R
A  O  T  R  L  T  N  K  L  E  I  L  D  E  D
C  N  L  S  L  B  Y  I  R  D  Y  S  U  R  R
Y  E  T  A  N  O  S  E  C  R  E  T  S  R  A
S  Y  S  N  B  N  I  N  A  S  K  Y  A  A  E
S  S  N  I  P  G  H  Y  N  G  A  Y  A  A  T
U  T  S  I  N  C  U  E  S  E  E  F  P  E  E
P  D  L  I  H  C  S  Y  N  I  T  S  E  D  H
S  R  E  T  S  I  S  S  I  V  A  D  E  H  T
E  T  T  I  I  L  I  S  R  S  T  R  G  A  T
```

ALLURE	PUSSYCAT DOLLS
BOY KRAZY	SALT-N-PEPA
DESTINY'S CHILD	SIERRA
DIVINE	THE DAVIS SISTERS
LABELLE	THE FASCINATIONS
NINA SKY	THE HONEYS
NO SECRETS	THE SHANGRI-LAS
PURPLE REIGN	THE TEARDROPS

European Languages

```
W H I T N F R E N C H I S M N
X S C U R N B A S Q U E A A E
R L W R L E I W N N H N L C W
I E N K H I R A I A X A W C T
L W T I A S I A E R T A A R N
S L O S E G I A I A L A O O A
U I C H E S P N C N H H N A I
N I C W A A E N R N E S E T N
N U R E I P A O A O D I R I A
I O E D L N O I R I C N N A U
N H R I O A S L F E C N T N H
R C S H S E N R I E A I O S T
S I E U F L R D I S T F L E I
R C A N A H I R I A H N L A L
B A O H H W R C H C R R I S G
```

BASQUE
CATALAN
CORNISH
CROATIAN
ERSE
FAEROESE
FINNISH
FRENCH

GALICIAN
ICELANDIC
LITHUANIAN
MANX
NORWEGIAN
POLISH
TURKISH
WELSH

```
K H O C G D D D T I L E L R Y
U U O T S E E R I F X O F A D
N S B H T H E T O U R I S T F
G A M E P G A O N I U F G L T
F L L F Y U N R G A F R U A X
U O R E E O S I K H W W S S N
P Y O V X A N H L T O N O U H
A R N E T A S D I E A N H E H
N E H R L I N C B N G L I K T
D R A S U O H D A O G N E S T
A M I G H T Y H E A R T A W E
G N S D B N O C U R M D I H L
S G H E L L S K I T C H E N C
R M H T I M S S R M D N A R M
M H D N I L M L O L N T F U S
```

A MIGHTY HEART
ALEXANDER
BEOWULF
BEYOND BORDERS
CHANGELING
FOXFIRE
HELL'S KITCHEN
KUNG FU PANDA

MR AND MRS SMITH
ORIGINAL SIN
PUSHING TIN
SALT
SHARK TALE
THE FEVER
THE TOURIST
WANTED

Clergy

```
O A N N M O N A E D T A O N P
S E R P I O D N E R E V E R A
N P V A A P N E A R R A I S R
R A E E N P O S A A O R C M S
P I T E E N A C I O E T S O O
R F M O T I A L A G I R S I N
E F I E E Y R N N R N A S A C
L I N E A T H D F U D O N T P
A T I N R T A P V E N I R P N
T N S S I S Y M O L N C N R T
E O T L I O V E I E A P I A P
S P E M N V I P I R N N N O L
R T R N A O C E E R P P S V E
E T N A I R A N I M E S M D S
E N P V T P R P E T O E M P P
```

CARDINAL
DEACON
DEAN
MINISTER
MONSIGNOR
NEOPHYTE
PAPAL NUNCIO
PARSON

PASTOR
PONTIFF
PRELATE
PRIMATE
PROVOST
REVEREND
SEMINARIAN
VICAR

Solutions

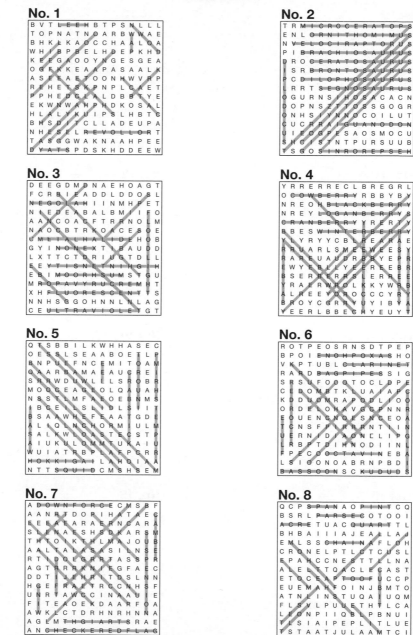

No. 1

```
B V T L E E H B T P S N L L L
T O P N A T N O A R B W W A E
B H K L K A O C C H A A L O A
W H I B P B E L H D E P K H D
K E E G A O O Y N G E S G E A
O G F K K E A A P A S A A L K
A S E E A E T O O N H W V R P
R E H E T S K P N P L C A E T
P P H E D C L A L D B B T Y E
E K W N W A M P H D K O S A L
H L A L Y K U I P S L H B T G
B H S D T C L L A D E U P A
N H E S E L R E V O L L O R T
T A S G G W A K N A A H P E E
B Y A T S P D S K H D D E E W
```

No. 2

```
T R M I C R O C E R A T O P S
E N L O R N I T H O M I M U S
N V E L O C I R A P T O R U S
P I B R A C H I O S A U R U S
D R O C E R A T O S A U R U S
I S R B R O N T O S A U R U S
P C D I L O P H O S A U R U S
L R R T S E G N O S A U R U S
O G U R N S I H O S A C A C N
D O P N S Z T T O S S G O G R
O N H S Y N N O C O I L U T
C U C R R A I G U A N O D O N
U I E O G P E S A O S M O C U
S H G S T N T P U R S U U B
T S G O S I N R O R E P S E H
```

No. 3

```
D E E G D M D N A E H O A G T
F C R B I E A D D L D D O S L
N E G O I A H I I N M H P E T
N I E D E A B A L B M I F O
A A N C O A C F T R R N O L M
N A O C B T R K O A C E S O E
U M E I A L H A I D E H O B
G Y I N O N E X T I B A U D D
L X T T C T D R I U G T D L L
E E Y T I S N E T N I H G I H
E B I M O O R H S U M S T G U
M R O P A V Y R U C R E M H T
X H F L U O R E S C E N T T S
N N H S G G O H N N N L N A G
C E U L T R A V I O L E T G T
```

No. 4

```
Y R R E R R E C L B R E G R L
O C O W B E R R Y R B B Y B V
N R E O H B L A C K B E R R Y
N R E Y L O G A N B E R R Y S
C R A N B E R R Y Y R E R T Y
B B E S W I N T E R B E R R Y
Y L Y R Y Y C B L R E A R A E
R R U A R L S M E E W E E S Y
R A R E U A U D R B Y E P R
E W Y E B L L Y E R E E B R
B S E R B E R R S L E R R E E
Y R A E R W R O L K K Y W R B
A L R E E Y O R O C C C Y R Y
B R O Y C G R R Y U Y I B Y A
Y E E R L B B E C R Y E U Y T
```

No. 5

```
Q T S B B I L K W H H A S E C
O E S S L S E A A B O E T L P
B N P U E F N C E M I T O A M
Q A A R B A M A E A U C R E I
S R R W D U W L L L S R O B R
M O O C E A G E O L Q A U A H
N S S T L M F A E O E B N M S
I B C E I S L D L S I I T
B S A A W H E F E A A T G D E
A L I Q L N C H O R M I U L M
S A L K W O A S T E C S T P
A I U K U L O M M T U K A I U
W U I A T R B P L A F P C R R
H O K K I G A I L A H O I A A
N T T S Q U I D C M S H S E M
```

No. 6

```
R O T P E O S R N S D T P E P
B P O I E N O H P O X A S H O
V K P T U B L C L A R I N E T
R A R D B A G P I P E S S I G
S R S U F O O O T O C L D P E
C E D O M B T K L U A I A P C
K D D U O M R A P O D L O O
O R D E L O H A V G C P N N R
E O U E N G N O E S N C E O A
T C N S F P I R R R N T I N
U E R N I D A O N L I P G
L R B P T D I H N O D I I N L
F P E C O O C T A V I N E B A
L S I O O N O A B R N P B D I
B A S S O O N S C K U D U D S
```

No. 7

```
A D O W N F O R C E C M S B F
A A N R T D O P I H A T A E C
E E E A E A R A E R N C A R A
S L E N A E S H S D K A R S M
T H T O I K T H L M A J O U B
A A L T A L A S A S I L N S E
R T D O L G R R T A S S P R
A G T R R R K N I E G F A E C
D D T J E H R I T D S L N N
H G E F R A E T R C C N H S F
U N R T A W C C I N A A U I E
F I T E A O E K D A A R F O A
A W K L C T D R H N R H N N A
A G L M T H G I A R T S R A E
A N C H E C K E R E D F L A G
```

No. 8

```
Q C P S P A N A O P I N T C Q
B S R L P A R S E C O T O O I
A C R E T U A C Q U A R T T L
B H B A I I I A J E A L L A J
E M L S S C H A I N A F L O H
C R O N E L P T L G T C U S L
E P A H C C N E S T T L L N A
A L E L T Q A C L E C A S T
E T O C E A P T O O F U C C P
E U E M A H F O I N J B M T O
A T N L I N S T U Q A I U Q M
F L S V L P U L E T H T L C A
L E O N P I I Q B L P B N U I
T L S I A I P E P L I T L U E
T S T A A T J U L A A M T C I
```

Solutions

No. 9

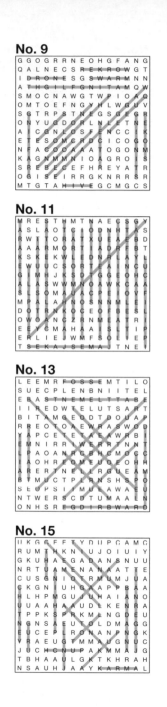

```
G G O G R R N E O H G F A N G
Q A L N E C S R E K R O W G T
I D R O N E S G S W A R M N N
A T H G I L F G N I T A M Q W
S M O C N A W G T W P I O A Q
O M T O E F N G Y H L W G U V
S G T R P S T N E G S G E G R
O N Y U G D O R L N L E T N E
A I C G N L O S F E N C C I K
E T E S O M C R D C I C O G O
N F A C O O A A T O G O N M
K A G N M M N I O A G R O I S
S R E B E C E F H R E Y A T R
O G I S E I R R G K N R R S R
M T G T A H I V E G C M G C S
```

No. 10

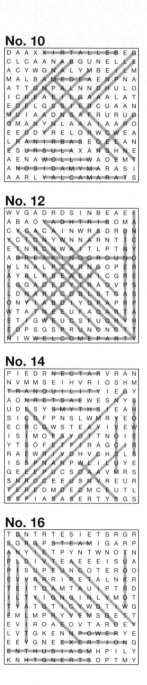

```
D A A X X I R T A L L E B E G
C L C A A N A B G U N E L L E
A C Y W G N A L Y M B E I L M
M A L B A M E D E A E N P N A
A T T G N P A L N N D H U L O
I C R E A E I L G A A A L A T
E O E L G S S E B C U A A N
M U I A A D N S A F R U R U O
Q M A N Y N L A A A A A R O
E E D D Y R E L O R W C W E A
L R A N I R B A S E C E E A N
E S U R S U L A X A N S H N E
A E N A W O L L I W A O E M T
A N O S I D A M Y M A R A S I
A A R L Y A L C A M A R A T S
```

No. 11

```
M R E S T H M T N A E C S G Y
A S L A O T C I O D N H T A S
R W T T O R A T X U E A E B D
A A A R M O R T A D R F B T
K S K E K W L E D N R L A Y L
E W U U C S O R T E I N C U
G I M H J K S D T G G E O H C
A L A S W W M N O A W K C A A
S L S O M A J A C P E I O V F
M P A L A H N O S N N M L E
D O T R N K O C E O F B E S L
O W O N C Z R N M E A T R I
E E Y C M A H A A I S L T I P
E R L I E J W M F S O L I E P
T S E K A J S E M A J T N E
```

No. 12

```
W V G A D R D S I N B E A E F
A B A O Y A D H T R I B O M A
C Y C A C A I N W R S D R D N
Y C T O N Y W N N A R N T I C
E T N R C N W A I T L P T N Y
A B R E A K I N G G R O U N D
H L N A L P Y R N G O P E R
A Y B L P S E A E N I C G R E
L G G A D E D Y I R A O V P S
L D N A R U C D B L S T G A S
O N Y A B D Y D P A P R P
W T A T N E E U F A Q A R T A
E T I G W E U C S F U O R Y R
E O P S G S P R U N O N G T
N I W W E L C O M E P A R T Y
```

No. 13

```
L E E M R F O S S E M T I L O
S U E C P L E N B N I I T E L
E B A S T N E M E L T T A B E
I I R E D W T E L U T S A R T
B I T A M G E O D T D O U A P
R R E O T O A E W R A S W O D
Y A P C E T E T A E A W R B I
E M N I R R I W E R R I N N T
L P A O A N R C B H C M O C C
I A O H R E Q M E U Q E O H R
A R E R T N E L L R G U E A M
B T M U C T P L R N S H S P O
S E U P S I I M U E A W A E U
N T W E R S C D T U M A A L N
O N H S R E G D I R B W A R D
```

No. 14

```
P I E D R N E C T A R V R A N
N V M M S E I H V R I O S H M
T R A N Q U I L I T Y I E G Y
A O N R E T S A E W E S N Y S
U D E S Y S M Y T H S I E A H
S I C D F P N S L W M R Y E O
E C R C G W S T E A Y I V E W
I S I M O E S Y O T T N O I E
Y T S O F E T F I R A G C I R
R A E W R I V D H V C H S L S
I S S P N A N P W L I L U Y E
G E E P U C S O A A V M R S
S N R O C E E U S N V R E U R
T E R E D M D E D M C E U T L
S S F I A S A S E R T Y S G S
```

No. 15

```
I I K G F F T Y D U P C A M C
R U M T H K N I U J O I U I Y
G K U H A E G A D A N S N U U
N R T U A M E N A N A A T T E
C U S G N I O T R M U M J U A
C K G N I U H G A A P P B A A
H L H P M G U U H A I A N O
U U A A H A A U D L K E N R A
T P P K S P R K M L N G D E U
N G N S A E U T O L D M A G G
E U C E P L R O N A N P N G K
V R A E U G T M M A U G N U C
J U C H C N U P A K M M A J G
T B H A A U L G K T K H R A H
N S A U H J A A Y K A R M A L
```

No. 16

```
T D N T R T E S I E T S R G R
E G R G P S T E A M I G A R P
A N Y E T P Y N T W N O T N
P L D I V T E A E E E I S U A
P I S U P E U N C O T E R O O
E V V R R R I P E T A L N K R
T E I T O A M T A U I P T R D
I L T Y I G N G I N L V M O T
T Y A T G T I G Y W D T I W G
E M L M P R Y V E M S G E T T
E V I R O A E O V T A R O E Y
L V T G K E N N P O W E R Y E
E E Y G N E E X E R T I O N G
E N T H U S I A S M H P I L Y
K N H T G N E R T S O P T M Y
```

254

Solutions

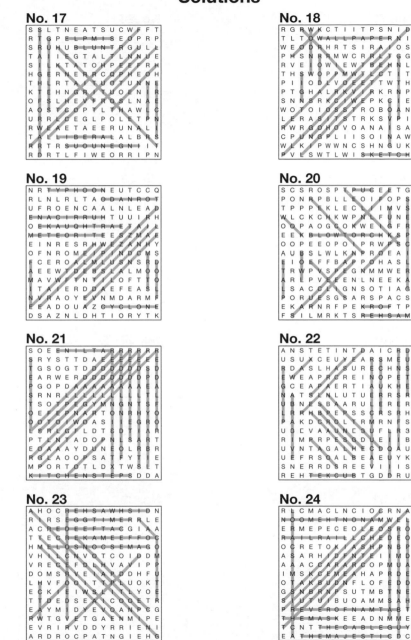

No. 17

No. 18

No. 19

No. 20

No. 21

No. 22

No. 23

No. 24

Solutions

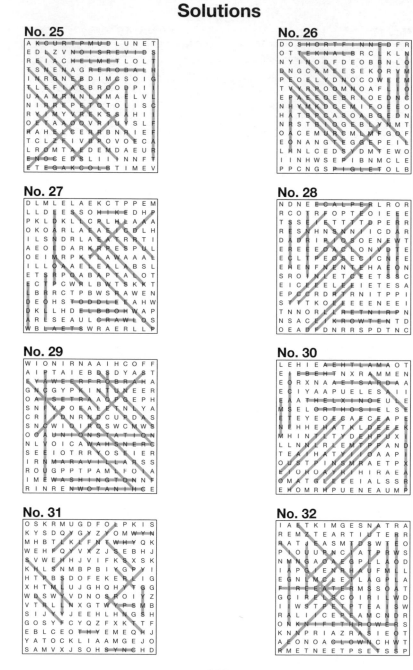

No. 25

A	K	C	U	R	T	P	M	U	D	L	U	N	E	T
E	D	L	Z	V	N	O	I	S	R	E	V	I	D	S
R	E	I	A	C	H	E	L	M	E	T	L	O	L	T
T	S	N	E	N	A	G	R	E	R	O	B	A	L	H
I	N	R	G	N	E	B	D	I	M	C	S	O	I	G
T	L	E	F	I	A	C	B	R	O	O	D	P	I	
U	A	A	M	R	N	N	L	N	M	A	E	L	V	L
N	I	R	R	E	P	E	T	O	T	O	L	I	S	C
R	Y	I	M	Y	V	R	E	K	S	S	A	H	I	
O	E	T	A	A	O	O	V	R	U	Y	S	L	F	
R	A	H	E	L	C	E	R	R	B	N	R	I	E	F
T	C	L	Z	F	I	V	B	R	O	V	O	E	C	A
L	R	O	M	T	A	E	D	E	M	D	A	E	U	R
E	N	O	C	E	D	S	L	I	I	N	N	F	T	
E	T	E	G	A	K	C	O	L	B	T	I	M	E	V

No. 26

D	O	S	H	O	R	T	F	I	N	N	E	D	F	R
O	T	T	E	K	N	A	L	B	R	C	L	K	L	N
N	Y	I	N	O	D	F	D	E	O	B	B	N	L	O
D	N	G	C	A	M	E	E	S	E	K	O	R	V	M
P	E	O	E	L	Y	D	N	O	C	O	W	E	E	M
T	V	Y	R	P	O	O	M	N	O	A	F	L	I	O
E	P	A	E	E	O	E	B	R	I	O	E	D	N	C
N	H	Y	M	K	D	C	E	M	I	F	O	E	E	O
H	A	T	B	P	C	A	S	O	A	B	G	E	D	N
N	R	S	T	B	I	O	G	E	B	L	Y	N	M	T
O	A	C	E	M	U	R	C	M	L	M	F	G	O	F
E	O	N	A	N	G	T	E	G	G	E	P	E	I	L
L	H	N	L	C	E	D	S	Y	D	M	T	E	W	O
I	I	N	H	W	S	E	P	I	B	N	M	C	L	E
P	P	C	N	G	S	P	I	G	L	E	T	O	L	B

No. 27

D	L	M	L	E	L	A	E	K	C	T	P	P	E	M
L	L	D	E	E	S	S	O	H	I	K	E	D	H	P
P	K	L	D	K	L	L	C	P	L	H	L	A	A	A
O	K	O	A	R	L	A	E	A	E	C	D	L	H	
I	L	S	N	D	R	L	A	E	A	T	R	R	T	I
A	E	O	E	D	A	R	K	R	P	E	S	P	U	L
O	E	I	M	R	P	K	Y	L	A	W	A	A	A	L
I	L	L	O	A	A	E	L	E	A	L	A	B	S	L
E	T	S	R	P	O	A	B	A	P	T	A	L	O	T
E	C	T	P	C	W	R	L	B	W	T	S	K	K	T
L	B	R	R	C	T	P	B	W	S	R	A	W	E	N
D	E	O	H	S	T	O	D	D	L	E	E	A	H	W
D	K	L	L	H	D	E	L	B	B	O	H	W	A	P
A	R	L	S	E	A	U	L	C	R	A	W	L	O	S
W	B	L	A	E	T	S	W	R	A	E	R	L	L	P

No. 28

N	D	N	E	E	C	A	L	P	E	R	L	R	O	R
R	C	O	T	R	F	O	P	T	E	O	I	E	E	E
T	S	S	E	I	E	T	T	T	T	D	P	E	R	R
R	E	S	N	H	N	S	N	N	I	I	C	D	A	R
D	A	D	R	I	P	O	S	O	E	N	E	W	T	
E	R	E	E	E	O	A	C	L	O	N	V	D	T	E
E	C	L	T	P	E	O	S	E	C	C	N	F	E	
E	H	E	N	F	N	E	N	T	E	H	A	E	O	N
S	R	O	I	N	L	E	T	C	E	E	T	S	S	C
E	I	C	E	E	L	E	E	I	E	T	E	S	A	
E	P	C	C	R	D	R	T	R	N	I	T	P	P	I
S	T	T	T	K	O	E	E	E	E	N	E	E	I	
T	N	N	O	R	L	L	R	E	T	N	I	R	P	N
N	S	A	C	E	I	K	R	O	W	T	E	N	T	D
O	E	A	D	F	D	N	R	R	S	P	D	T	N	C

No. 29

W	I	O	N	I	R	N	A	A	I	H	C	O	F	F
A	I	P	T	A	I	E	B	D	S	D	Y	A	S	T
E	Y	A	W	E	E	R	F	R	O	B	R	A	H	A
G	N	C	G	Y	P	K	I	N	T	U	N	E	E	R
O	A	I	S	E	T	R	A	A	O	P	G	E	P	H
S	N	F	V	P	O	E	A	L	E	T	N	L	Y	A
C	R	I	D	N	R	N	D	C	U	R	D	A	S	
S	N	C	W	I	O	I	R	O	S	W	C	M	W	S
O	O	A	U	N	I	O	N	S	T	A	T	I	O	N
N	L	V	O	I	C	A	W	A	H	S	N	E	R	C
S	E	E	I	O	T	R	R	Y	O	S	E	I	E	R
I	R	N	M	A	R	A	V	I	L	L	A	R	S	S
R	O	U	G	P	P	T	P	A	M	L	F	O	I	A
I	M	E	W	A	S	H	I	N	G	T	O	N	N	F
R	I	N	R	E	N	W	O	T	A	N	I	H	C	E

No. 30

L	E	H	I	E	A	E	H	T	L	A	M	A	O	T
E	I	E	B	E	H	T	N	X	R	A	M	M	E	N
E	O	R	X	N	A	A	E	T	S	A	R	D	A	A
E	C	I	Y	A	A	P	U	E	L	E	S	A	I	I
E	A	A	T	H	E	L	X	I	N	O	E	U	L	E
M	S	E	L	O	R	T	H	O	S	I	E	L	S	E
E	T	E	Y	E	O	E	C	A	E	C	E	A	P	E
N	E	H	H	E	H	A	T	K	L	D	E	E	E	K
M	H	I	N	T	L	T	Y	D	E	H	P	U	X	I
L	L	N	N	L	R	L	E	M	T	P	P	A	N	D
T	E	A	H	A	T	Y	I	I	O	A	A	P	I	
O	U	S	T	P	I	N	S	M	R	A	E	T	P	X
E	I	U	H	O	A	Y	H	I	H	I	R	A	E	A
O	M	A	T	G	L	E	E	E	I	A	L	S	S	P
E	H	O	M	R	H	P	U	E	N	E	A	U	M	P

No. 31

O	S	K	R	M	U	G	D	F	O	L	P	K	I	S
K	Y	S	D	Q	Y	G	Y	Z	Y	O	M	W	Y	N
M	H	B	T	L	K	L	F	N	T	W	H	Y	Q	K
W	E	H	F	Q	Y	V	X	Z	J	S	E	B	H	J
S	V	W	E	H	H	J	V	I	F	K	S	X	S	K
K	H	L	S	N	M	B	P	B	I	Y	G	Y	I	
H	T	P	B	S	D	O	F	E	K	E	R	L	I	G
X	H	T	M	L	U	J	G	H	Q	H	Y	T	G	G
W	D	S	W	Y	V	D	N	O	S	R	O	I	Y	Z
V	T	R	L	N	X	G	T	W	Y	P	S	M	B	
S	I	J	Y	J	E	E	H	L	H	N	G	S	H	
G	O	S	Y	F	C	Y	Q	Z	F	X	K	T	T	F
E	B	L	C	E	O	T	H	Y	E	M	E	Q	H	J
Y	A	T	O	C	K	L	I	A	A	M	G	E	J	O
S	A	M	V	X	J	S	O	H	S	Y	N	C	H	D

No. 32

I	A	E	T	K	I	M	G	E	S	N	A	T	R	A
R	E	M	Z	T	E	A	R	T	I	U	T	E	R	R
R	A	T	J	E	A	S	M	T	D	S	W	T	E	O
P	I	O	U	U	P	N	C	A	T	P	R	W	S	
N	M	N	G	A	O	A	E	G	P	L	A	O	D	
I	A	P	G	I	E	N	R	H	A	U	F	M	L	L
E	G	N	L	M	C	L	E	L	A	G	P	L	A	
F	I	R	E	E	A	T	E	R	M	S	S	O	A	T
G	C	I	R	E	L	S	C	O	I	R	I	L	W	D
I	I	W	S	T	P	E	T	P	T	E	A	I	S	W
R	A	L	I	C	E	F	E	A	M	C	N	D	R	
O	N	K	N	I	F	E	T	H	R	O	W	E	R	S
K	N	N	P	R	I	A	Z	R	A	S	I	E	O	T
A	E	O	N	O	A	C	L	O	W	N	C	H	W	T
R	M	E	T	N	E	E	T	P	S	E	T	S	S	P

Solutions

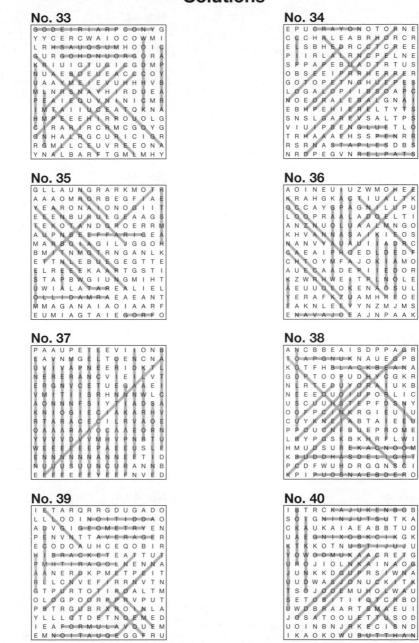

No. 33

```
G O D E I R I A R P C O N Y G
Y Y C E R C W A I O C O W M I
L R H S A U Q S U M H O O I C
G U R G O H D N U O R G O R A
K R I U I G T U G I C G D M P
N U A E B O E U E A C C C O Y
U A A Y M E E V U H H H V B
M L N R S N A Y H I R D U E A
P E A I E Q U V N I N I C M R
I M T A I I U C E A T Q X N A
H M P E E E H I R R O U O L G
C I R A R I R C R M C G O Y G
G N H A L R G C U R I C I G R
R G M L L C E U V R E E O N A
Y N A L B A R F T G M L M H Y
```

No. 34

```
E P U C R A Y O N O T O R N E
C C C H R L E A B R H O R C R
E L S B H E D R C C T C R E E
P I I R L A L R N C P E L N E
S P P A P E B U A D T R T U S
O B S E E I P R R H E R R E R
G O T O P E T N G H U E P E S
L O G A L O P I I B S O A P C
N O E O R A L E B A L G N A I
E B H P E H I E R E L T Y T S
S N S L G A R E V S A L T P S
V I U I P B E N G L U E T L O
T R H A A A E H S S P E N R R
R S R N A S T A P L E S D B S
N R D P E G V N R E L P A T S
```

No. 35

```
G L L A U N G R A R K M O T R
A A A O M R O R B E G F I A E
Y E A R O N A I O N O G I I T
E E E N B U R U L G E A A G S
T E K O T A N D G R O E R R M
A U P N B E E F F A R I G E A
M A R B O I A G I L J G G O H
B M I T N M G T R N G A N L K
E T T N L E B U E G E G T T E
E L R E E E K A A R T G S T I
S T A P B W G I U N G M I H T
U W I A L A T A R E A L I E L
O L L I D A M R A E A E A N T
M M A G A N A I A O I A A R F
E U M I A G T A I E G O R F O
```

No. 36

```
A O I N E U I U Z W M O H E E
K R A H G K A C T I U A L T K
O C C A Y G P A G N L U P U
L Q O P R A A L A D O E L T I
A N Z N U O L U A A L M N G O
K H V A N N A S A I K I E O S
N A N V Y A U A U I I A D R C
C A E A I P H Q E D L D E D F
C H T O Y M F A J O K I A M O
A U E C A A D E P I I E D O R
K Z W R H W E I T R L N O L E
A E U U Q E O K E N A Q S U L
Y E R A F K Z U A M H R E O E
E A K N L E E Y Y N Z M J M S
E N A V A J O E A J N P A A K
```

No. 37

```
P A A U P E T E E V I I O N B
E A V N M G E L T O E N C N A
U V I V A P N E E R I D K T L
N E R E R A N C V I E I V T
E R G N V C E T U E G A A E I
V M I T I I S R H N N N W L C
A O N N N F S I Y T I A D S A
K N I O G E C A K A R H V
R T A R A C E C I L R V A O E
Q A A A R A O C A A E O R N
Y V V V D V M H V P N B T U
W E E E E E P A E E U S L E
E N N N N N N A N N E E T I D
N U U U S U U N C U R A N N B
E E E E E E E Y E E F N V E D
```

No. 38

```
A N C B B E A I S D P P A G R
T O A P G N U K N A U E G P B
K O T F H B L A C K B E A N A
G D P T O O P U D H C G K R
N L R T E D U Y O R A I U K B
N E E E Q U O I U P O R L I C
U S C U U H S T E P F D S N Y
O O F P C N K R G I E U I U
C U Y K N E A B T A I E E U
P P O U C N F B U E P R O M E
L B Y P G S K B K H R F L W I
H M U D S U R E K A C N O O M
K B U D D H A S D E L I G H T
P C D F W U H D R G G N S C I
K P I P U O S N A E B D E R O
```

No. 39

```
I E T A R Q R R G D U G A D O
L L L O O I N O I T I D D A O
A D V G I G E O M E T R Y E N
P E N V N T T A V E R A G E R
E C O D O A U H C E Q O B I R
H I B R A C K E T E A T T U T
P M H T I R A G O L N E N N A
A A N E R D K P M E T P E I T
R L L C N V E F I R R N V T N
G T P U R T O T I R O A L T M
O L O G P O O R R P R V P U T
P B T R G U B R X R O N L A
Y L L L Q T D E T N O E M E D
I E A F O R M U L A V O U E M
E M N O I T A U Q E G G F R U
```

No. 40

```
I B T R C K A J U K E N B O B
S O T G N I N J U T S U T K A
C K A U K A I A E A B B T U O
U A E G N I X O B K C I K G K
K T K K O T N U S T I J U J U
Y O W O D M U K A A C R E T G
U R O J I O L N K A I N A O G
J U N K K D G U P R S I W N A
U U D W A S O N U C K I T K
T S O J O O E M U H O L W A U
S E T O B I T I I O T C R B O
U W D B R A A R T S M A E U I
J O S A T O O U E T T U S O D
U O I N B N J R K E C I S N D
I K A O K O W U B U T T H A N
```

257

Solutions

No. 41

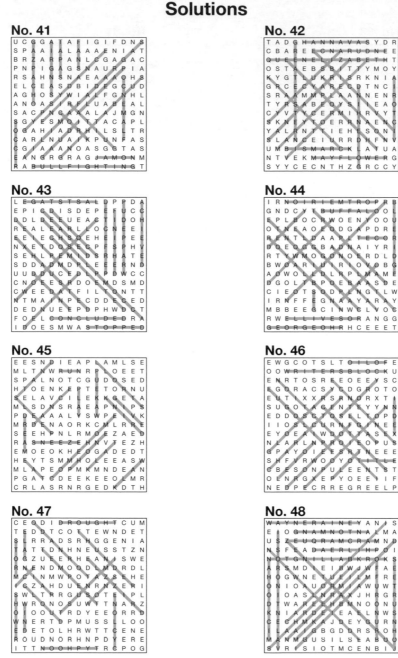

```
U C G G A T A F I G I F D N S
S P A A I A L A A A E N I A T
B R Z A R P A N L C G A G A C
P N P I G A G S N A U R P I A
R S A H N S N A E A A A O H S
E L C E A S D B I D E G C U D
A G H O S Y W I A L F G N H L
A N O A S R F L U A B E A L
S A C P N C A A A L A J M G N
S G Y E S M O I T T A C A P L
O G A H I A D R H I L S L T R
C A R L N U A K P U N F A S
C G I A A A N O A S G G T A S
E A N G R G R A G J A M O N M
R A B U L L F I G H T I N G T
```

No. 42

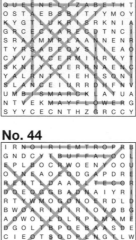

```
T A D G H A N N A V A S Y D R
C B A R E E C N A R U D N E E
Q U E E N E L I Z A B E T H T
O S T A E B S B I T Y M O Y
K Y G T L U K R I S R K N I A
G R C E C Y A R E C D T N C I
S R A A M M P L A A N N E N R
T Y R S A B E O Y S I E A O
C Y V T Y C E R M I H R V Y T
S K N E Y T O E R R N A E N C
Y A L R N T T I E H E S O N I
S L A N C E I U R R D H F N V
U M B I S M A R C K L A T U A
N T V E K M A Y F L O W E R G
S Y Y C E C N T H Z G R C C Y
```

No. 43

```
L E G A T S T S A L D P P D A
E P I C D I S D E P E F U C C
D D L D E E U E A C T I D O H
R E A L E A R L L O C N E E I
E E I E C H S O E H E I P E E
N X E T D O S E C P F S P H V
S E H L R E M I D S R H A T E
S D D A D M D P L E E E R N D
U U D U C E D L P P D W C C
C N O E E S R D O E M D S M D
C W E E D A T F I L T O N T T
N T M A I N P E C D D E C E D
D E D N U E E P D P H W D C T
F O E L C O N C L U D E D R A
I D O E S M W A S T O P P E D
```

No. 44

```
I R N O I R I E M T R O P R B
G N D C Y T B U F F A L O O L
E P L B O C R W O E N Y O O U
O T N E A O E O D G A P D R E
R E N T L D A A R T E C O R
D O E O G G B A D N A I Y R I
R T Y W M O G O N O E R D L D
B W C A R I U R I O V O B G
A O W O L L D L R P L M A M E
D G O L T B P O E B A A S D E
C I E O T S O D R I N G T L W
I R N F F E G N A A Y A R A Y
M B B E E G C I N W C L V O C
R W E L L I V E S O R A N G G
G E O R G E O H R H C E E E T
```

No. 45

```
E E S N D I E A P L A M L S E
M L T N W R U N R P L O E E T
S P A L N O T C G U D O S E D
H T O E N K E P T E T O R N U
S E L A V C I L E K K G E T A
M L S D N S R A E A P N I P S
P D E A A A L Y S W P E I V K
M R B E N A O R K C M L R R E
S E E H P N L R M O E Z A E D
R A S N E E Z E H N V T E Z H
E M O E O K H E O G A D E D T
H E Y T S M M H O L E E A S W
M L A P E O P M K M N D E A N
P G A T C D E E K E E O L M R
C R L A S R N R G E D K D T H
```

No. 46

```
E W G C O T S L T O I L O F E
O O W R I T E R S B L O C K U
E N R T O S R E E O E E Y S C
E G O R A C S Y C D G R O T O
E U T I X X R S R N O R X T I
S U G O T A C E N T E Y Y N N
E D D O S C T O S E L T O P D
I I O S L C U R N F G I N E E
E Y O E A I W D O T A S E X
N L A R L N P R G E O P U S
G P A Y O I E E S R T N E E E
S H F V R W O O Y O T I T L E
C B E S O N P U L E E N T S T
O L N R G X E P Y O E E I I F
N E D P E C R R E G R E E L P
```

No. 47

```
C E Q D I D R O U G H T C U M
T E D D T C O T T E W N D E T
S L R R A D S R H G G E N I A
T A T T D N H N E U S S T Z N
O G Z U E E R H E A N I S W E
R N E N D M O O D L M D R D L
M C I N M W P O T A Z S E H E
I C Z A H D U E N R N Z E R I
S W L T R R G U S O T E I P L
H W R O N O S U W T T N A R Z
O I O O U T R D Y E E O R R D
W N E R T D P M U S S L L O O
E D E T O L H R W T T C E N E
R O U D N O R H N P D Y E R E
I T T N O O H P Y T R C P O G
```

No. 48

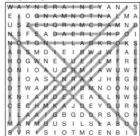

```
W A Y N E R A I N E Y A N I S
E I O G N A M N O T N A L M A
U S Z E U Q R A M C R A M N D
N S F E A D A E R L I H P O I
N O T G N I L L A B K R O K S
A R S M D I E I B W J W F A E
H O G W N E T U E L M F R E
O N I O A U O R M A W U W T
O I O A S I N R A J H R G R
D T W A R E E H B M N O O N U
K N I A R D E X E A E L N W S
C E C H M K A J D E Y G U R N
I L A A I G B G D D R S R O H
M A N M G U S I L S E A B U O
S V R I S I O T M C E N B I J
```

Solutions

No. 49
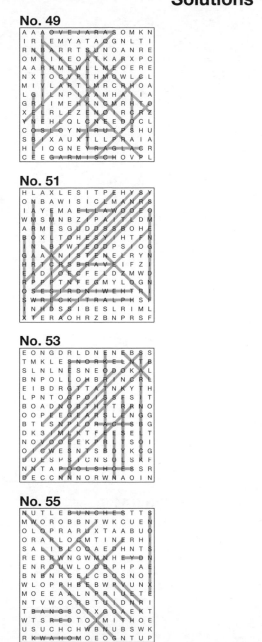

No. 50
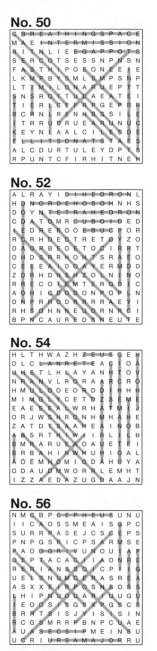

No. 51

No. 52

No. 53

No. 54

No. 55

No. 56

Solutions

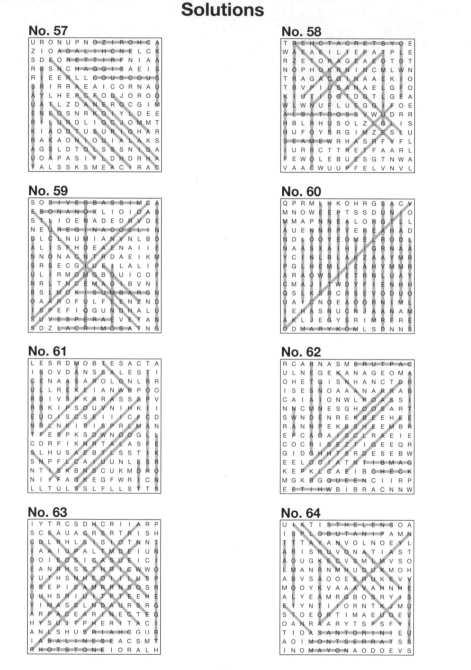

No. 57

No. 58

No. 59

No. 60

No. 61

No. 62

No. 63

No. 64

Solutions

No. 65

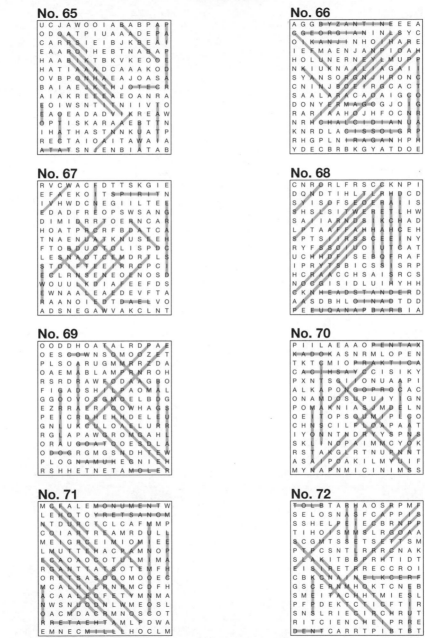

No. 66

No. 67

No. 68

No. 69

No. 70

No. 71

No. 72

261

Solutions

No. 73

```
U D E L G U L L I B L E N N L
C E L W U T O D S F F R A N K
G C I I E N P N M S S I D U
T A I N L D F U T N G S V D U
E S C P E A E I N N O C E N T
S C A R L X R E I R B E A U I
D A E E I R T Y C A F N O G
E I T S D S E L E F U U N I
R T D E S U U N R E D D U E W
N I E N R I N L C S E D L E
N C L T A V I T O V E S L N O
W G N I T C E P S U S N U I U
Y T A O I D E R M C S I C C E
F I T U I N G A U U U T E I
G C N S D R S E F C S D G N D
```

No. 74

```
I A M R S N G M N A N I P S U
E A V L N B A E A N E V R C E
C A E A N N A I N D N L E I E
E T C L R I G L L E N S G T T
E A I S E I V N A E S I R E N
N N N N E L A N I N D C O N O
R V T C X P I T E D C N T E I
T N S E T L Y A I N E I E G T
C O M P E T I T I O N E N M P
N A A C S U E T O U N L R G U
R B T T R A I T S N T O V B R
S E P Y T O N E G T E Y M N S
N O I T U L O V E T N H C S I
I R N O I T C N I T X E P C D
E A D A P T A T I O N T D E A
```

No. 75

```
N D O E H A I S I E S A T R O
B O S A L S E C N E W N H T M
S A R G S J O H N B O S C O O
A J T H O M A S A Q U I N A S
L O S U I G I L E I A I R E S
O A T R Y G C L S I N E R E L
H N E H R K R D I A H G N O S
C O G M O O E H A P R P G E O
I F A W G M D D O V A C B S C
N A B C E I A T A T I A N E T
S R R A R R S S R A S D P A M
M C I N G I D M J D W A I P
O S E I R L C N I O A N N E E
O S L H A K E A A A D R D J B O
G N C S A T N I A G S E O R E
```

No. 76

```
A G A C I C O G E U A H R R B
W U T O D P P N A S Y T H E A
S D I C A O L A E C A I A S B
T M D K L N O L X A R N M Y
E T R L E E G E N N E E E K E
E O A E O N R I G M C C L O A
A C C R I U S A S K A E E A R
S A T J M O B Y C I H L D W A
W E R E D C S E A W C E C C L
Y H U N L C H J U N O N I A I
N L D A L L U G A W I N K L E
L J K T C U I K N U T C E O N
O I R I E I N N L O E I C A U
O C E C S R E G U A C N N S M
T U C A H T N C J U I I R K B
```

No. 77

```
E H A M S E D O M S A L P A H
L P U C I P E R O X I S O M E
C S O H S T I T A S E L A I T
I X E L P M O C I G L O G L E
S A T O E M P C U M O R L L R
E T O R L V S G H M U S E I O
V R S O U N N A E Q U P U V C
A X A P B T U E L M N L E O H
C O C L U S U C R F E D B R R
U I O A T D U A L A O L R C O
O M U S O E L E V E E T P M
L I I R T S A L P O L Y M A
E O M S C C C O L C N L C C T
O L A I I A E O E T U N U U I
N I T A M O R H C U E N N S N
```

No. 78

```
H U E Z R O T A U Q A X S Z T
O U N D R Z I T U E I U R R O
E Q R U T N E C T U Q E E E E
O D I T O E E D U Q U I E Z E
I E R T A U Q X N Z E T U Z
S N Z E T D T E N E Z U N T Q
E O U T Z E X Z X U Z U A I T
T D E E E U E Z O E I S X A E
O F E X O X E D E I X O I Z E
I R E E I T Z A E T E X O O A
E E E Z T F E T N E R T S D R
U Z E Z O R S R H Q T F U S O
D N E E T U O E Z I E S U E H
O O E O Z T H I I T T E S E E
R U I O X I D O S E R N E R N
```

No. 79

```
B E R G L U V R N E T O R O D
E R N T N E A E O R L E E U A
T B P T M I D R P R E P E E K
A G I I L K T A O L R I U E N
N E I P D O O M R U N T N A L
G E I U O U B R E B U T G E S
S G T L U T T N O S I U U O D
O T A A L U D U R O L R R B O
T L A O E L L B N P R G T L E
O I E R L M M P E M E S G I A
I M L N L O R O A E A N P V B
U U R O T O R L S O B E S E E
L R E G U R D N A U I P S D O
A I R I L O G K S T I S L R R
U I R U L R L T I N O E M I R
```

No. 80

```
N N E D A B S E I W R E D E N
P N U G I Z P I E L U M N N E
N O H C W U P P E R T A L I B
C M E R F S S I O I N N L U F
S L I T N E G N I T T O G M R
R O D N E H C A A S I N M N O
N G E L S E N K I R C H E N D
N P L B H T M D U N R S I N L
O T B M I D H A E R U L L S E
R U E M U C U S N A B E H K S
B H R D I N S O H N N H W C S
I H G N S E S R I B H E O C U
I E L O T S E T W A O E Z E D
E M N O A B O I E E I N I E I
H S N E O E S E E R M E N M N
```

Solutions

No. 81

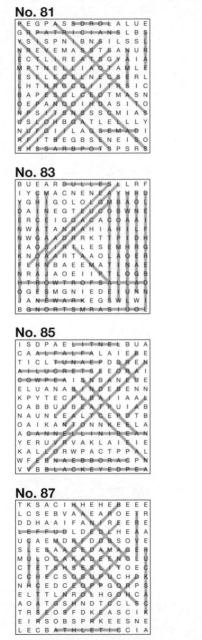

No. 82

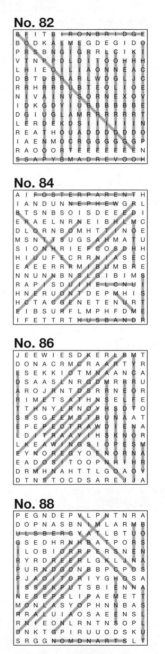

No. 83

No. 84

No. 85

No. 86

No. 87

No. 88

Solutions

No. 89

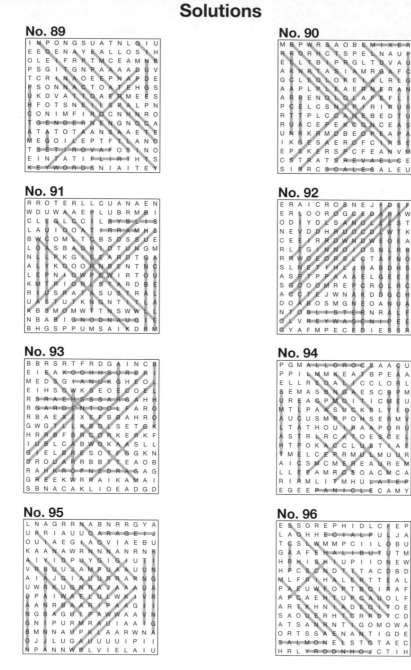

```
I N P O N G S U A T N L O I U
E E O E N A Y E A L L O S I H
O L E I F R P T M C E A M N B
P S G I T G N P A A A A D U V
T C R I N A O E E P N A P D E
P S O N N A C T O A T E H G S
U K D V A T T O A E R M E E S
H F O T S N E L S P A L P N
C O N I M F I R O C N H N R O
T G E N D E R N E N G N O C A
A T A T O T A A N S A A E T E
M E G O I L E P T F T L A N O
T S E T R O V A F O S I N O
E I N T A T I F L I R T H T S
K E Y W O R D S N I A I T E Y
```

No. 90

```
M B P W R S A O B E M I X E R
R R O R H C T S P E L N A U P
E E L T B I P R G L T D V A U
A K N R T A S I A M R G A F C
G C L E O L O K E I A L R L G
A A P L P L E A E R N E R A N
A R R E N O L O L A F E F L
P C E L C S N R I R I R U R
R T T P L C C A N E B E D T U
R U A C E P E K C G N C E A S
U N R K R M D B E O R E A P A
I K G E S A E R O F C I R S E
E P S K E R S P C F E A N V M
C S T R A T S R E V A E L C E
S I B R C S C A L E S A L E U
```

No. 91

```
R R O T E R L L C U A N A E N
W D U W A A E P L U B R M B I
C L E G L C C I L B Y B L I S
L A U I O O A T I R R A M H S
B W C O M L T C B S D S S U E
L O A S B A D H I D T U N G M
N L L P K G I E E A R D T G A
A L Y K O O O R N B E N T N C
L E P N O W P E W I R T O U
K M T R I O R L S T A R D B E
R I U S R A T A S U S T R A L
U A S T U T K N G N T T L A
K B S M O M W T T N S W W L L
N B A B I G N O D N A U Q I E
B H G S P P U M S A I K D B M
```

No. 92

```
E R A I C R O S N E J F D E
E R L O O R O G C E D A R A W
O D I Y D L S A N O L E E S T
N E V D D H R U O C D L W T K
C E E I R R D W N D W E O E A
R L E G N N O I O S N L R R
R R W O E O R S L C T A F N O
S L N E I H L J H A B D H S
A S R T P P A A A E L G E E E
S G O O O M R E P C R O L R C
A G C T E J W N A K D D G C H
D O A B O S M G N E O A N U A
N T O B L I S T E R N R A L F
O L V R E Y W A S E N I P E E
G Y A F M P E C E D I E S S R
```

No. 93

```
B B R S R T F R D G A I N C B
E I E A K O O H H S U R B R I
M E D S G I A N U K G H E O L
E I H S O W K S E O E C O E
R S R A E I S S S A R G A H H
R G A R D E N T O O L F A R O
R B A E X E X E F B B A H R O
G W G T I L K B D L S E T G K
H R R B F B R C O R K E R K F
I U B L C A B W O K A A S L L
G I E L B R E S O T F G G K N
D R O U A R B B B T T E A O B
R A H K R O F N E D R A G A G
G R E E K W R R A I K A M A I
S B N A C A K L I O E A D G D
```

No. 94

```
P G M A L L O R O C S A A C U
P P I L M M K E A T B P E A A
E L L R E O A L C C L O R L
S E M A S B N O A E S C B P M
U R E A C P M O I T I C M E U
M T L P A A S U C K S L Y L O
A U C U S M R P O H S E R M V
L T A T H O U I R A A P O R U
A S T R L R C A T O E S C E L
H T P O K A C C L U S T I A E
T M E L C E P R M U L M U U R
A I C S M C M E R E A U R E M
L L E E A M R O S O A C M C A
R I R M L I T M H U L A T E P
E G E E P A N I C L E C A M Y
```

No. 95

```
L N A G R R N A B N R R G Y A
U P R I A U U O A R A G E I J
O U I A E G L A O V I A E B U
K A A N A W R N N N A N R N R
A I Y I D P U Y G I G I U T
V R B U U J A M P U A A U U N
A I A J G I A U U R R A R N G
U W R K U G N R A J A A A U A
D P A I W A E L U L W K I V
A A N R B A A R P A A G I I
N G B A G U L P A W W A A V N
G N I P U R M R A U I A A I G
B M N N A U P K L A A R W N A
O J J L U G A U U U U I P I I
N P A N N W B L V I E L A I U
```

No. 96

```
E S S O R E P H I D L C F E P
L A O H H E C I A L P U L J A
T C S L W M M P C I I L O B U
G A A F E H A L I B U T U T M
H R H I S H I U P I I O N E W
H P C S C N D T T T A C D B D
M L F R I H A L E R T T E A L
P A E U W F O R T B O I R A F
A P C A E H T U P C A U O L F
A R T K H N I A D E O I T O E
S A O U E R H T G R R D T C D
A T S A N R N T G O M O W A
O R T S S A E N A N T I G D E
S A L M O N E L S T G T A E C
H R L Y R O D N H O J C T I H
```

264

Solutions

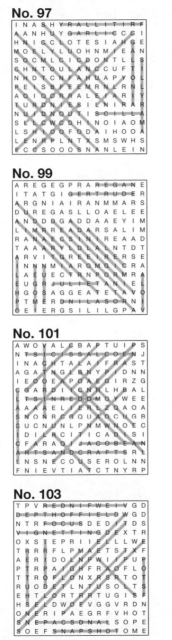

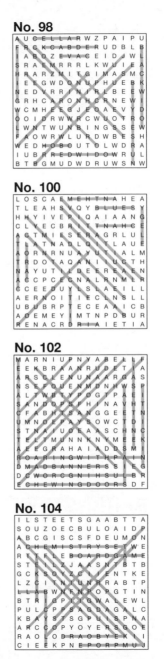

No. 97

No. 98

No. 99

No. 100

No. 101

No. 102

No. 103

No. 104

Solutions

No. 105

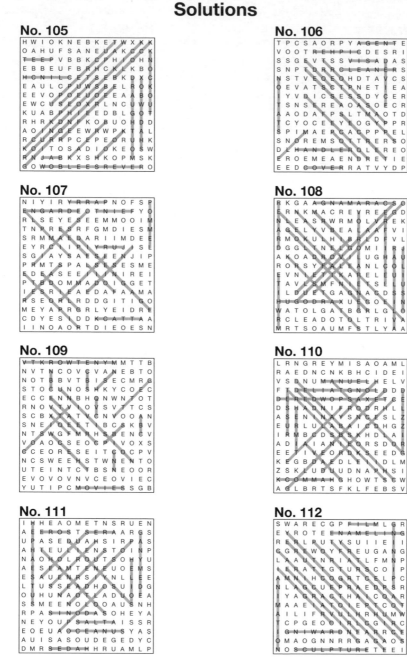

```
H W I O K N E B K E T W X K K
O A H U F S A N E U A K C C K
T E E P V B B K C P H C O H N
E B B E U F B R H C K L K B O
H C N I L C E T S E B K D X C
E A U L C P U W S B E L R O K
E E V O P O E U O E E A A B O
E W C U S E O X R L N C U W U
K U A B P H E E D B L G O T
R H R K D N F K O B U O H D D
A O I N G E E W R W P K T A L
R C U R R P C E P E O R U H K
K O T O S A D I O K E O S W
R N J A B K X S H K O P M S K
G O W O B L E E S R E V E R O
```

No. 106

```
T P C S A O R P Y A G E N T E
V O O T R E H P I C D E S R I
S S G E V T S S V I S A D A S
S N P T D R R C L E A N E R S
N S T V E Q E O H D T A V C S
O E V A T S C T P N E T I E A
I Y V D I C S E S S D Y C E R
T S N S E R E A O A S O E C R
A A O D A F P S L T M A O T D
T C Y O C E E Y E O G Y P P R
S P I M A E R C A C P P R E L
S N O R E M S O T T R E R S O
D L H A N D L E R O L E R E O
E R O E M E A E N D R E T I E
E E D C O V E R R A T V Y D P
```

No. 107

```
N I Y I R Y R R A P N O F S P
E N G A R D E O T N I E F Y O
R L S E Y E S E E M M O O I M
T N P R E S R F G M D I E S M
S R M M A E D A R I I M D E E
E Y R C I I P I Y R U J I S L
S G I A Y S A E S E E N J I P
P R M T S P A L S E S E S M E
E D E A S E E I I N I R E I
P T B D O M M A D O I G G E T
I E S R I E A E D A F A A M A
R S E O R L R D D G I T I G O
M E Y A P R G R L Y E I D R E
C D Y E S I D D K C A T T A A
I I N O A O R T D I E O E S N
```

No. 108

```
R K G A A G N A M A R A C S O
E R N K M A C R E V R E E G D
N L E A S R W R M O L V R E K
A G E L Y V B E A L A A F V I
R M O K U L H I B R D F V L
D G G L T N E L G O M I I R J
A K O A D R O V I L U G H A U
R O R S Y F A L E A N L C O L
E V N I E T K A R E L E U I
T A V L S M F N I E T S L L U
I L D U E T G A G N A C D S S
H U G O D R A X U E G O E I N
W A T O L G A T B G R L G L O
R C L E A D O T O L T R I V A
M R T S O A U M F S T L Y A A
```

No. 109

```
V T K R O W T E N Y M M T T B
N V T N C O V C V A N E B T O
N O T B B V T D I S E C M R G
S T O C U N O S H K Y C O E C
E C C E N N B H Q N W N T O T
R N O V T V I O V S V T T C S
S C B X T A T V C N V O O A N
S N E I O E E T I B C S K B V
N T S W G F M R H S B E N C V
V O A O C S E O C P I V O X S
G C E O R E S E I T C O C P V
N C S W E E H S T W N E N T O
U T E I N T C T B S N E O O R
E V O V O V N V C E O V I E C
Y U T I P C M O V I E S S G B
```

No. 110

```
L R N G R E Y M I S A O A M L
R A E D N C N K B H C I D E I
V S D N U M A N U E L H E L V
F T D E L I A T G N O L D D D
D E R E D W O P S A X E T C E
D S H A D N I F R O D R H L L
A S E N I N A Y S N C E S L Z
E U R L U L A B A I C D H G Z
I R M B C D S B S K H D L A I
A D I A I A N I E O R S D O R
E E T I V E O R D K S E E D G
K E G B D A E D L E I D L M
Z S K L U B U U D N A P H S I
K C O M M A H G H O W T S C W
A G L B R T S F K L F E B S V
```

No. 111

```
I H H E A O M E T N S R U E N
A E E R O S T S E R A A R G S
U P A S E D U A H S I R P A S
A H T E U L I E N S T O I N P
N A O H O L R O U T S O H Y U
A E S E A M T E N E U O E M S
E S A U E N R S Y N L L E E
L T U S S E A D H O S U I D G
O U H U N A O T L A D U O E A
S S M E E N O L O O A U S N H
R P A S I N O D A S O H E Y A
N E Y O U P S A L T A I S S R
E O E U A O C E A N U S Y A S
A U I S A S O U D E G E D Y C
D M R S E D A H H R U A M L P
```

No. 112

```
S W A R E C G P F I L M L G R
E Y R O T E E N A M E L I N G
R E R L P U T Y S U I I E I I
C G R E W O Y F R E U G A N G
L A A U T N R I A T L F M N P
I E R A T T G T U R S C O I P
A M N H C O G R T C E L P C
N L A G C U E P R A E D P S R
I Y A G R A G T H A C O A R
M A A E I A T O I E R T C O T
A I L I F R V U L H R H U M W
T C P G E O O I R L C G I R C
I G N I W A R D N E A R R C E
O M A O G N N R R G A G A O S
N O S C U L P T U R E T E E I
```

Solutions

No. 113

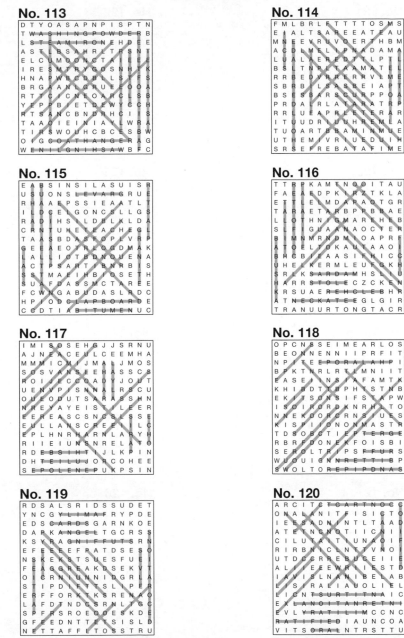

```
D T Y O A S A P N P I S P T N
T W A S H I N G P O W D E R B
L S T E A M I R O N E H D E E
A S T B S A H R L T R S N T
E L C U M O O N C T A E E E
I R E S M T R Y G O S N H T K
H N A P W B C D B L L S T F S
B R G A A N L G R U E E O O A
R T T C N E O A R C L S B
Y E P P B I E T D E W Y C C H
R T S A N C B N D R H C I I S
T A A O I E I N I A Y L W R A
T I R S W O U H C B C E S B W
O I G G C O A T H A N G E R A G
W E N I L G N I H S A W B F C
```

No. 114

```
F M L B R L F T T T O S M S
E I A L T S A R E E A T E A U
M N E E V R U V O E R T H B M
A C D L M E L P N A D A M A
L U A L A E R E D T T L P T L
B S L T N P L T A A M A T E L
R R B E D V R R E R R V L M E
S B R B I L S A S B E I A P T
B S E S B A R S C U R P P O A
P R D A L R L A T A R A T R P
R R L U E A P R L E T E R A R
I T U U D R I U U H R E M L A
T U O A R T B B A M I N M U E
U T H E M I V R I U E D U I H
S R S E F R E B A T A F I M E
```

No. 115

```
E A B S I N S I L A S U I S R
U S U O N S L E V A R G R U E
R H A A E P S S I E A A T L T
I L D C E L G O N C S L L G S
R A D I H S I L D B L K L D A
C R N T U H E T E A C H E G L
T A A S B D A S F O P L V R P
G E E A E O T R L O G D M A K
L A L L I O T B D N O U E N A
A C T P S A R T I B N R B I S
S S T M A E I H B I O S E T H
S U A F D A S S M C T A R E E
F C W N G A B U D A S L R D C
H P I O D C L A P B O A R D E
C C D T I A B I T U M E N U C
```

No. 116

```
T T R P K A M T N O O I T A U
F A E A E D P K I R Z T K L A
E T T L E L M D A P A O T G R
T A R A E T A R B P R B B A E
L L O T H N I G M A R E H E B
S L F I G U A N A O C T E R
B I M N M R N D M I O A P R F
A T O E L T O K A U T A A O I
B H C B I E A A S I F H I C C
U H E L K E R M L E U F G K H
S R L K S A R D A M H S L I U
H A R R S T O L E C Z C K E N
K R S U A E R E H C L E B H R
A T N E C K A T E E G L G I R
T R A N U U R T O N G T A C R
```

No. 117

```
I M I S O S E H G J J S R N U
A J N E A C E U L C E E M H A
M M M I C M I J M A L J M O S
S O S V A N S E E H A S S C S
R O I J E C C O A D Y J O L T
U E N V P I S N N A L R S C U
O U E O D U T S A R A S S H N
N R E Y A Y E I S T L E E R
E E R E A S C S N C S L S S E
E U L L A N S C R E E I L C
E P L H N R H A R N L A R Y H
R I I E I U N S N R E L A T O
R D E B S I H T J L K P I N
D H T E I L U J O R C O H E E
S E P O L E N E P U K P S I N
```

No. 118

```
O P C N S S E I M E A R L O S
B E O N N E N N I P R F I T
N P I T E E P O R A L A H P I
B P K T N R L R T L M N I I T
E A S E I I N S I A F A M T K
K H I B D T T B P H T S T N B
E K T S O N S I F S T A P W
I S O I R O R D K N R H L T O
N N E K O O R C R N S I U E S
K I S P I O N O N M A S T R
T D S O B C T I E P T E R G E
R B R F D O N E K F O I S B I
S E R O L T R I P S F F U R S
W U O U I E N R E T T I B P
S W O L T O R E P I P D N A S
```

No. 119

```
R D S A L S R I D S S U D E T
Y N C G Y L I M A F R Y P D E
E D S C A R D S G A R N K O E
D A R K A N G E L T G C R S S
K S Y R A G N I F F U T S R N
E F E E E F R A T D S E S O
N S K E K S T S U E S F U E I
F E A G G R E A K D S E K V T
O I C R N U N N I D G R L A
S T I P D I F T T S L I P E R
E R F F O R K T K S R E N A O
L A F D T N D G S R N L T G O
S P F R S R O E O O E S K D E
G F E E D N T T E T S I S L D
N E T T A F F L T O S S T R U
```

No. 120

```
A R C I T C T C A R T N O C C
O N A L A N I T F I S I C T O
I E E S A D N N T L T A A D
A T E T N C N O T I I C N I I
C I L U T A T I U N A O I I
R I R B N I C I N T T V N O I
U T D C C R R E B U G E I I E
A L I E E E W R I E S T D
I A V I S L N A N I B E L A B
L I S I R A L I A U O L I E L
L I C N T S U R T I T N A I C
E X L A N O I T A N R E T N I
E V L Y R A T I L I M C C N C
R A T I F I E D I A U N C O A
V I T S O R A L N T R S T T U
```

Solutions

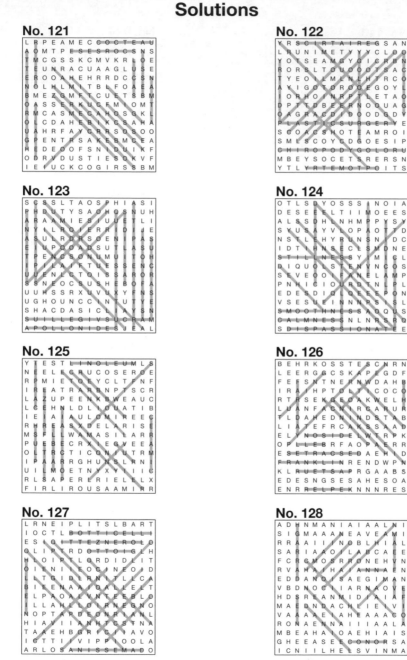

No. 121
No. 122
No. 123
No. 124
No. 125
No. 126
No. 127
No. 128

Solutions

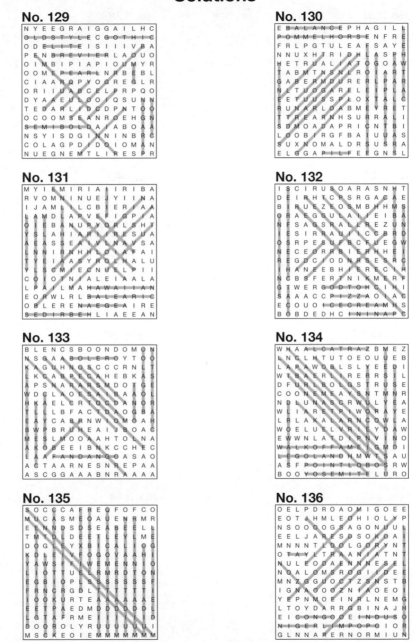

No. 129

```
N Y E E G R A I G G A I L H C
O L D S T Y L E C G O T H I C
O D E L I T E I S I I I V B A
P E N B R E V I E R L A Q U O
O I M B I P I A P I O U M Y R
O O M E P E A R L N R B E B L
C I A A R Q P Y O G R E G L R
O R I I U A B C E L P R P Q O
D Y A A E U L O O I Q S U N N
T E D A R L I D C D P N T O O
O C O O M S E A N R O E H G N
S E M I B O L D A I A B O A A
N S Y I S D G I N N I N B R C
C O L A G P D I D O I O M A N
N U E G N E M T L I R E S P R
```

No. 130

```
E B A L A N C E P H A G I L L
P O M M E L H O R S E N F R E
F R L P G T U L E A F S A Y E
N N U X H T R I D H L A S P H
H E T R U A L A T O G O A W
T A B M T N S N L R O I A R T
G A B E R M D U R E R L P A R
N L T U O G A R E L E I P L A
E E T U U S S P L O X T A L C
R U N A R L O A B M E Y R E T
T T R E A R N H S U R R A L I
S D M O A D A P R I C N T B I
L O O B I R G F B A I U U A S
S U X N O M A L D R S U S R A
E L G G A P I L F E E G N S L
```

No. 131

```
M Y I E M I R I A I I R I B A
R V O M N I N U E J Y I I N A
L A M D L A P V E F I G P A
O I E B A N U P Y O R L S H T
Y S L A H I A R I R E S U A
A E A S S E A I V L N A V S A
L N N I R N H H L O A F A I
T Y E I A A S Y R Q H A L U
Y L S G M I E C N U E L P I I
C O I O T N I A L E I A A L A
L P A I L M A H A W A I I A N
E O R W L R L B A L E A R I C
O B L E R E N A E G E A I R E
S E D I R B E H L I A E E A N
```

No. 132

```
I S C I R U S O A R A S N H T
D E I R H T C P S R G A C A E
B I R U E Z E O S M B H H M S
O R A E G G U L A I E I B A
A N F S A G S R A L L R E Z U N
I E S I R R A U L C C B R D
O S R P E S U F B C F U E G W
N E C E O R R B I E R H H E I
R E G D C I O D N R S E S R C
I H A N E E B H E R E C I H
N C B S F E R T N I K M E R F
G T W E R G O D T O H C I H I
S A A A C C P I Z Z A O I A C
E C O U O I C E C R E A M H S
B O B D E D H C I N I N A P C
```

No. 133

```
B L E N C S B O O N D O M O N
N S G A A B O L E R O Y T O O
K A G U H N O S C C C R N L T
A P S N A R A R S M D O T G E
W D C L A O E S A I B A A O L
H K A E L C R T O C D A N O R
T L L L B F A C T D A O G B A
E A Y C A B R N W I Q M O A H
B W P B R U H E A I J B O A C
M E S L M O O A A H T O L N A
A K O B E E I B N K C C H E C
L A A F A N D A N G O A S A O
A C T A A R N E S N R E P A A
A S C G G A A A B N R A A A A
```

No. 134

```
W H A A L C A T R A Z B M E Z
L N C L H T U T O E O U U E B
L A P A W O B L S L Y E E D I
W T B A E R L I R E R R S I L
D F U R L B O L G S T R U S E
C O O N E M E A Y S N T M N R
N D L U N A S C R W U L Y E A
W L I A R E T P I W O R A Y E
L R L A K A L A R N C O W L A
W O E L U E L V R I E Y D A W
E W W N L A T D I P N V I N O
W A L K O F F A M E G M D I
L E G O L A N D H M W T S A U
A S F P O I N T L O B O S R W
B O O Y O S E M I T E L U R O
```

No. 135

```
S O C C C A F R E Q F O F C O
M U C A S M E Q A U E N R M R
E E N N D S D S E A B E E L L
T M I D L D E E T L E Y L M E
D O G E Y X B I C A L I Q G
Y A W S F F W E M E N N I O
L I O T T U E L R M R D T O N
E G B I O P L S S S S S S S F
F R N C R G D L T T T T T I
I O O K U R T E A A A A A A E
E E T P A E D M D D D D D D L
L G T A F R M E I I D
D O O R O L Y R U U U U U U I
M S C K E O I E M M M M M M M
```

No. 136

```
O E L P D R O A O M I G O E E
E O T J H M L E O H I O L Y P
N S O O O O G S A G O N U U L
E E L J A R E S D S O K O A I
M N N N T L D O L G O R Y N T
O T A Y L T R A A N A T N T
N U L E O D A E N N N E S E L
N O A L O M S R O G I I D E E
M N Z G G U O C T Z S N S T B
I G N A O O O Z N I A O E O I
Y E P N M O E I N R L N E M G
L T O Y D A R R G B I N A J H
E I C O N G O O E I N D U S O
N I G E R L M P O P O I O R
G L N N A R E R N O R M I U N
```

Solutions

No. 137
No. 138
No. 139
No. 140
No. 141
No. 142
No. 143
No. 144

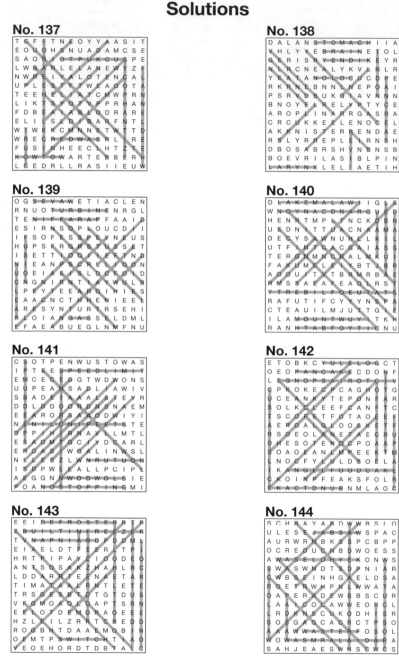
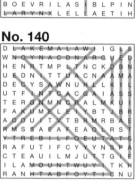

Solutions

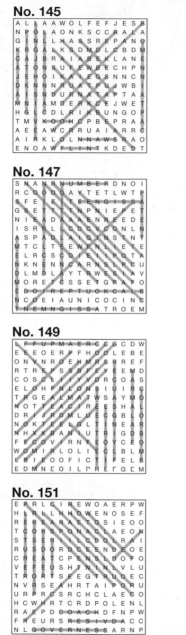
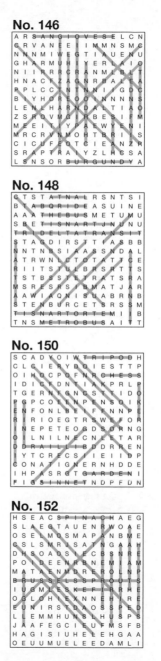

No. 145

```
A L L A A W O L F E F J E S B
N P O L A O N K S C C R A L A
G I N L L H A S S R E P A N O
K R G A L K S D M D L C B D M
C A J B R A I A B E K L A N E
A T O N S U F E W B E C H P N
J E H O I K A E G S N N C N
D K N N N R U A T P U J W B I
A I S N D U R N A T A P T A A
M N I A M D E R K C E J W E T
H G L C D L R I K B U N G O P
T M V K O O H C P B E P R A A
A E E A W C R R U A I A R R C
A I R K L O L N N A W S R A O
E N O A W F L I N T K D E D T
```

No. 146

```
A R S A N G I O V E S E L C N
C R V A N E E I M M N S M C
N N N M I W E G T I A U E N U
G H A R M U H I Y E R L A I O
N I I R R R C R A N M L B L T
H N A C F Z A G N R B A L E A
P P L C C T N T N N I G D C
B I Y H O R E O O I N N N N S
L E N L H A R N D A L T I A O
Z S R O V M G I R B E S I F M
M E E I T Y P A E W Y E N I
M R C R V N M O H T B R I I S
C I C I F E O T C I E A N Z R
S R A P T R A I Y Z L H C S A
L S N S O R B U R G U N D Y A
```

No. 147

```
S N A N R N U M B E R D N O I
R C O O O O A Y T E T L W T P
S F E E I T E E N G I S S A
G S E T T I T N P N I E P E T
N I E A D A A A E N R E E D E
I S R R L L C D G C V C O N L N
A S P A D I A G N S T N T
M T C L T E E W F N L E T E
E L R C S C D I E I I P O T A
N K N E N N C A R N S I P C U
D L M D L A Y T R W E S I A V
M O R E T C S S E T G R A F O
E D O I R E P T U O K C A L B
N C O E I A U N I C O C I N G
T N E M N G I S S A T R O E M
```

No. 148

```
C T S T A T N A L R S N T S I
B T A B Q R I D E A S U I N E
A A A T H E B U S M E T U M U
S B E T I S N A R T J N U N U
T R I D E L T A T R A N S I T
S T A G D I R S T T I A S B B
N N T N B S I A A S S N D A L
A T R W N L C T O T A T T C E
R I I T S T U L B R S R T T S
T S T B S S E T R A T S R A
M S R E S R S I B M A T J A R
A A W I A Q N I S U A B R N B
S T E N B U R C E T S R S S M
T I S N A R T O R T E M I I B
T N S M E T R O B U S A I T T
```

No. 149

```
L F F U P M A E R C C G C D W
E E E O E R P F H O O L E B E
O N V N R O E H M R S R R E F
R T R E P S S B F E Y E E M D
C O S C L I I I V V D R C O A S
E L O H F N L O N S I U I R C
T R G E A L M A T W S A Y M O
N O T T E A C I R E E S H A L
D R I J R D M L U E C G B L O
N O K T E E L G L T I N E A R
N H X K B A N U T R I G D B
F E C O V I R N F E O Y C E O
W O M I R L O L I E C L B L M
L B I E O O F I C T I F E L B
E D M N E O I L P H L F G E M
```

No. 150

```
S C A D Y O I W T R I P O D H
C L C I E R Y D O I E S T T P
O I H C C P O F N R C H E S S
I D I C F D N T I A K P R L P
T G E R N F G N C S T T I D O
P G P C O E F N P E N S O I K
R I R I O E G T R S W E F O R
I N E P E T E O G D S O R N G
O I L N I L N E C N L E T A R
D D R A I L L I B D D R R E N
I Y T C R E C S I I E I I D P
C O N A T I G N E R N H D D E
I H P A S R G T G A R D E N I
F I G S I N N E T N D P F U N
```

No. 151

```
E P R L C I R E W O A E R P W
H L R L L H H O W E N O S E F
R E R E A R A E T O S I E O O
T C O R S P O N A C L A E O N
S T S E R I I L C D O L R A I
R U S D O R D C E E N D E O E
C R E A T C P E N S L D O F O
V E F E U S H T N I N L V L U
T R O R T S E E G T R U D E C
N V R S E A H R T A I P O R U
U R P R C S R C H C L A E C O
H C W H R T C R D P O L E N L
R A E P D C O A C H D F N P W
F R E U R S R E S I V D A C C
N L G O V E R N E S S A R N P
```

No. 152

```
H S E A C S P I N A C H A E G
S L A E G T A U E N R W O A E
O S E L M O S M A P A N B M E
C S L S M R I S A N G A A H
D H S O A O S I E C B S N R E
P O I D E E N R B N E M A M
M A T A E N M D R E R O L N P
B R U S S E L S S P R O U T S
I U G M I E S K E F I R R H E
O G L O H E X N N E H R E
E U N I R S T D A O S S P E D
L L E M M H U N S L H U S P S
J A A F E G C I E U F M S F B
H A G I S I U H E L E H G A A
O E U U M U E L E E D A M L I
```

271

Solutions

No. 153

```
T L A O L E U L U T T R S I E
N I R A M A T S U L U A T I S
A R A L D U R P L G Z O W A D
S R E B A O S I N Z H T T E A
A A I D L C R A A S W A L A A
E S K O I D L R V E P B M A U
I K W I N P B U D A E N H I N
N A R A R E S T T E V R E V L
Y U M N D S N U B N O S E D A
D S A L Q N A T H G I N L M A
I R H O W L E R N E S R P R E
C A P U C H I N T A U R S U R
A L V I S S U B O L O C L A T
U I U R I M I U I T B U E L
D A L T L C T L E R R I U Q S
```

No. 154

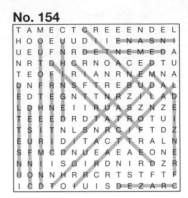

```
T A M E C T G R E E E N D E L
H O O E U U D I I E N A S N I
U E U F N R D E T N E M E D A
N R T D H G R N O A C E D T U
T E O F I R I A N R N E M N A
D N F R N S F T R E B U D A L
E D T E G N T T N R Z I L A D
L D H N E I I R U A S Z N Z E
T E E E D R D T A T R O T U I
T S I T N L S N R C I F T D Z
E U R I D I T A C T T R A L N
S F M C D N U E A E A E O N E
N N I S G I R D N I R D Z R
U O N N H R R C R T S T F T F
I C D T O I U I S D E Z A R C
```

No. 155

```
D I B R I N N S S N E A L F R
D H R R Y M S E C U P I E H H
P A E N G K G O E E M M A W T
B P B A M A W M E A E A R H W
A A C A H D S H N M E A R A N
B P G K I E S G M G P E R R Y
Y I D L N S E A T S E T E H A
J S R B S R O A A W S R N A H
E M E H H L N C I R G N S Y R
S H H E Y Y E S A J O S E P H
U G P S S E E G N M L A A R S
S N E I M M A I N D D E E S A
W H H M E G C R P A A S T A R
M P S N T N L B A R H R S E N
L R H E S N E C N I K N A R F
```

No. 156

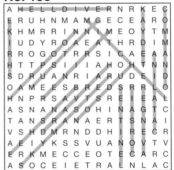

```
A H E L L D I V E R N R K E C
E R U H N M A M G E C E A R O
K H M R R I N N I M E O Y T M
I U D Y R O A E A T H R D I M
R R O G O T R R S I C A E A A
H T T P S I I I A H O H T N N
S D R U A N R I A R U D E I D
O A M E E S B R E D S R R L O
H N P R S A V T S R E I E A L
A S N A N A S O H I N A G T C
T A N S R A N A E R T S N A I
V S H D M R N D D H I R E C R
A E I Y K S S V U A N O V T V
E R K M E C C E O T E C A R C
A S O C E I E T R A L N L A C
```

No. 157

```
A I N R L O E A P A C M S A Y
Y I S D O G C D E H C A U H B
G T H U L H N O U A R N S M
C R I S R N L M L A U O E A N
H S U C M E D I S U T I G E A
E G A B A V I H D S M O E U U
L S I I S M V L E O T B G B I
E A E N I O L E S V U U E O
N L E N L T R H T P S E O S O
A N O L N A P R A T T N R E H
O M E O H T R A A L S N N R M
S U G C R C A E U H K I O T L
O E N N P N E N C L A O T M E
H N L I Y I I C N O S H A C N
N L A L U U M C O L U M B I A
```

No. 158

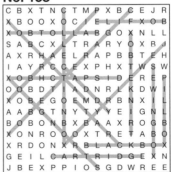

```
C B X T N C T M P X B C E J R
X B O O X O C I E L I F X O B
X O B T O L L A B G O X N L L
S A B C X L T R A R Y O X B J
A X R H A E L R A P B B T E H
I A Y R C C E X P H X T W S W
X O B H C T A P S I D E R E P
O O B D T A D N R L K D W I
X O B E G O E M D R B N X I L
A A B G T N Y T Y Y E I G N L
B O B O N B X B A A X R O G B
X O N R O O O X T R E T A B O
X R D O N X R B L A C K B O X
G E I L C A R T R I D G E X N
J B E X P P I O S G D W R E E
```

Solutions

No. 159

```
P U D D S U N E I L M N E I S
I T B G U N G H O G E K T N P
A U N U K G S F L Y C H E E M
F Y L E S K F U I H H B K E
C E E Q O O T U H J O Y O N O
F I N W O E O U C I P K K U O
N G U G A L K M S I S E C F G
O H O M S O O I A J T T H O S
N A U M A H N N I N I C O T H
G I U D A H U G G A C H Y M O
O S E F I H J I O K K U E P U
F S M G P M N O N O S P Y N N
H H O E P Y S I N B F O H S I
B L P U F G N U K G P I K F E
A C U A L N N N M U G S F H H
```

No. 160

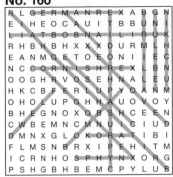

```
R L G E R M A N R E X A B G N
E I H E O C A U I T B B U N I
L I A T B O B N A I L I R U K
R H B H X X X D U R M L H
E A N M G E T O E O N I I E C
N C C O R N I S H R E X L B N
O O G H R V O S E H N A L E U
H K C B F E R L U P Y C A N M
O H O L U P G H H A U O V O Y
B H E G N O X O B S H C E E N
C W B E M N C M N U I C I U D
D M N X G L O K O R A T I B I
F L M S N B R X I P E H I T M
I C R N H O S P H Y N X O R G
P S H G B H B E M C P Y L U B
```

No. 161

```
K E L M T O L E C N A L R V E
I C R E M S R L M N H V E A A
I E C I R N V H L E A A R L W
F Y K R P M E K V O H F E H A
L A Y A R M R D M I R A C A Y
S R I S L C A E I E S T R L O
E E O R I E L V O A R A O L Y
L R R B Y T H C R S M L S A M
L O E L I T N T H C U W I E O
I C C F A N E A F C R R O N O
H O O L R R H I L O T R A N O
C A Y C G N R O R T Y I A C S
A U R O E I E I O H A D W I I
H O R L A O C E Y D L E A T R
L O A L A M D I A M R E M L R
```

No. 162

```
L H T R A E M U I D E M L C T
S A R E O C E N T R I C H I I
A U Y F R H E N E N E I B R B
G E O S T A T I O N A R Y T R
T H R N I C O R L N O T I N O
R R D A O I I Y A A Y N E E A
O H C R Y R H T Y E C E K C R
N H M T A A H I P L W C R O D
C I U N E Y N C I I O A E N
I E I N A L E N N R L I L G U
S E R A O A E V C Y R L C C T
E T Y M L D M U A N S E E R D
E I R H R Y L B R R N H T A A
T O P O L A R T T L G U U O T
U T I H R A R E U O T I I D P
```

No. 163

```
E S H E P I A P D S P H L I I
I E L F I N E U E R L E A E N
F F N S T E N G H O F N M O I
G N I M M I R T S T S C N G G
F S V I R E N F I E E N R T S
L A K P N I F S N G E A P H S
D N K I A P S I I E D T O F C
E E E N I C N S F E K P O L E
O C B E P S E E B T R V N M
T M D I R O E D F M S N E R L
M S L P C D V N F U P R V S
C C A O A L S S F A D E L O S
S N G F N G N E S I H I O P L
R E P M E T L D I P A E O D E
D M E B U C K L E C R D K S O
```

No. 164

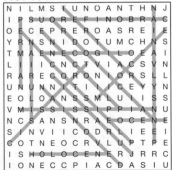

```
N I L M S T U N O A N T H N J
I P S U O R E F I N O B R A C
O E C E P R E R O A S R E I E
Y R N S N I D O T U M C H N S
T M A E N E C O G I L O E A I
L I I C N C T V I A C S V N
R A R E C O R O N I O R S L L
U N U N V I T I I C E Y Y N
E O L O A N S S M L U I I S S
V M I S S I S S I P P I A N U
N C S A N S N R A E O C E N E
S I N V I I C O D R L I E E I
C O T N E O C R V L U P T P E
I S H O L O C E N E R J R R C
I O N E C C P I A C D A S I U
```

Solutions

No. 165

```
S F A N S S R Y S C P S G S R
A R T N E N I U B A R T S K E
N B S A F R C N S A S N A S H
F T F R T C D R S C B E E N T
R I S R E N O L I G C R Y H A
I A O S B T F O I R I A N S F
E O S K S S N I E H N P E I E
H O I E S S S L D A C S G C R
R N C C K O A R E L R E O L O
N N S N I T F O O T R F R A F
A C E Y I A F I S S U E P N O
E E S V P R E D E C E S S O R
O S E D F F C O C S A P B T T
E S Y E D E S C E N D A N T S
Y F O F F S P R I N G L P N S
```

No. 166

```
E S R U O C N O C D N A R G E
U U N I O N S Q U A R E S Q I
E U N E V A N O T G N I X E L
T F A E R A U Q S S E M I T E
T I R N V B R Y A N T P A R K
E U N E V A H T H G I E I A V
E A T E E R T S R E M I R O L
R R T N H I N L A N M G R L E
T T E E R T S Y E C N A L E D
S K E S I X T H A V E N U E I
Y N M U I D A T S E E K N A Y
A E Y R R E F H T U O S C T O
J E G D I R B N Y L K O O R B
U K V D E R A U Q S T R U O C
R L A R T N E C D N A R G S R
```

No. 167

```
N U I R A U G A J C X C A S X
I G I A E A E T N Y A R G G F
Y M P I O P N B A E X X P U A
M O O L W U E G U N O E S O R
U M B C A I S X A C O G A G G
U G M L I Y I O O M E T E A O
A W O Y A M S R W B E M J O B
O O C N U U A T A I X B A A R
A R A G P U T F A E L B O G U
R A O A E T Y R R T G A F Y T
Y E U G A O G S I E I E W P X
C A P E R T G A R V P O M A A
E J I W A O L E U S I U N A R
X G T S A C M A E R D T S A G
G L G U L Y N X I T P S A E I
```

No. 168

```
A V A A H R A R I S I N I A I
G T I L A I U T K M I A S A A
A R E A L I A H R N I N U A A
N A S A T V D A G N M A N N N
E M K A R S R A D I N V V N S
S D E A R S I R A L N A D A D
H S P I V A A A V M N R G P S
A M I H V N S U S V S N A U I
S H A J A I U V A A H S D R T
T S H N V Y R A A I A V L N A
D S V M D U A A D T V D A A A
A H A U A E I V M D I I I Y K
U N H S I V I A U A E E R A H
V L A K S H M I I I I V A M I
I I V R K A G R U D Y A I A A
```

No. 169

```
S H Y S S U B E D I L O H L E
C C T C F B R U C H L O S A R
U E W E R H P S S C H E F E R
D E S E C S R K C U L G G R L
E L U A P U C C I N I R S S
P L B D P L C L H E E M F A B
R E S S A H L C L C P R P C I
E S R E I T R O M S I O B E D
S E E E F O E N M E E E H O E
L C U E I S I S R A D E U P F
E E S P H P M E R S H U I F S
S B O U O N C H I H C L R C G
E E I H E E B C A M I O E E A
L B C K C E S H H R C T H R E
E E S O I L R T R E B U H C S
```

No. 170

```
N L S K W R W C S S O N E E O
L A C O F A O R L R T S Y W N
M E Y T E N T H O C O I E L E
N E S N I O L C Y N E O F C K
K U L A K C O L E R O F E L T
H L O O E E H L E S C P E A E
T A C E H T E E T P E E O A N
U E H E P T K L A M U R H L R
N T I L O I H O R D H O A N L
T M M E S A L F C T O A F A L
S U A L L I E R U F Y T I N M
E Z N T Y B E H E N D K C O H
H Z E O T O O R C W N E M E C
C L I I Z H E W E A Q A Z E H
O E L E O T A I O N O L Z L T
```

Solutions

No. 171

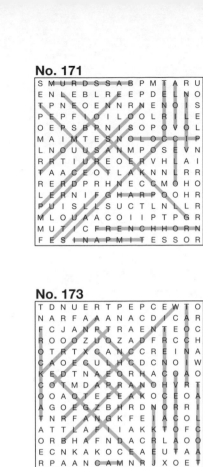

```
S M U R D S S A B P M T A R U
E N L E B L R E E P D E L N O
T P N E O E N N R N E N O I S
P E P F I O I L O O L R I L E
O E P S B P N I S O P O V O L
M A I M T E S N O L O C C I P
L N O U U S A N M P O S E V N
R R T I U R E O E R V H L A I
T A A C E O T L A K N N L R R
R E R D P R H N E C C M O H O
L E R N I F G H A R P O O H R
P U I S L L S U C T L N L L R
M L O U A A C O I I P T P G R
M U T I C F R E N C H H O R N
F E S I N A P M I T E S S O R
```

No. 172

```
T B M R D A A L S E Y Y A S S
L O L E A D N E G A A E S R
O M L T A S M E T I D I O O C
O R T S E G I I C E R C R A A
A E E I S O D C P E T L O Y T
T N Y G S G C O S A L S S N A
N A G E N U L A C T N N S I L
O E B R L C B M L E R A L A O
A A M L Y C O A A E A E E T G
A Y A C E T T N L R N T R O A
E E N O A S E A O L G D C R T
E E C C A N A M L A Y O A T E
E C O N T E N T S L L S R R A
R O L L Y S I E A L Y Y G P T
E E S N E N U M E R A T I O N
```

No. 173

```
T D N U E R T P E P C E W T O
N A R F A A A N A C D I C A R
F C J A N P T R A E N T E O C
R O O O Z U O Z A D F R C C H
O T R T X C A N C C R E I N A
C A O E C U L H C D C N O I W
K E D T N A E O R H A C O A O
C O T M D A P R A N O H V R T
O O A O T E E E A K O C E O A
A G O E G Z B H R D N O R R I
T N R F A N G K F E I A C O L
A T T L A F I I A K K T O F C
O R B H A F N D A C R L A O O
E C N K A K O C E A E U T A A
R P A A N C A M N R J X O E T
```

No. 174

```
E U R R S A I A S U O I R U C
L U H S I D N A L T U O L I B
A A A I U N S T R A N G E E I
C L N B C N E C X M T D L T Z
E O H O N N E M C C D E B U A
N X M A I O I X E B A V A M R
U O T I C T R S P T N I T R R
N R M R C C P M T E T A C G E
U D C M A A I E A T C N I U N
S G D A O V L T C L H T D P V
U M A C O C A U A X A O E E L
A T T L R U N G M R E O R D O
L R I C P R E U A I R A P U C
E D W E I R D E B N E E N I A
E R L N A D O N R R T E U E L
```

No. 175

```
Q S G X G G O F I N U Y E Y R
J K H I E A K B E R E M E Z V
O M S A N M A L D E P O M T L
B Q B I W V A D N Q F D F M T F
D Q T M K S S K L N F I A I M
L A R H A T A F S H L M U U T
Q M V B K J N N M K G B T Y P
H A M B M H K A G U C T Q J V
V J M X J A D A U Q E T A J B
G I U B E R T R I R W D B U C
M S E I M H J A O G N V A F H
M U T T J A W J J N W K T M O
I R E H T O M O J I H A Y U K
U W R C W Q M A T R I P S N J
E B E I A L M P L V I U E D A
```

No. 176

```
I A S M G A T I L G D S M J L
I E A C U O C A T N M I N R A
P N A J B W L R W A W A A A B
O L O J D I G L L W M O M P
B R G B M W L U I A T J L A E
A Y T U U A O I L L G A T S T
S R I S N I R A R O O I W N Y
I O B U L M P I J A H P S I E
L I A A N L T T N O N O O L
A L R N A L O U M D R M B O B
N I C G N R I I B G U C W J N
I I A A O U A O E E P O G J A
D U A M Z M A N R U C O U B Z
A L A S U G U I M A R A S E A
A J L I L N R M O R O D N I M
```

Solutions

No. 177

```
N E E R A E L D H P O E N N R
S N R Z O S I E N D I S O A A
B I C M P O M S Z K E N L H R
L P A R N L R G L A T P P R L
A I U M O O Z L T O O R R I G
T C G C P U A Z O P O A P O I
E A K N A D N T A H D C A S C
O P N M U C T I G E R W O O D
F U R A S M E A C B P I W L A
W I R E L W V L E A A C E F T
A B R B O T R I O D P M A M A
B M E N E D S E T F A H B M R
K C O R K W O O D A W E Y O R
O I O O N A A E D A E D O O O
D N T H H O O O D O O W D E R
```

No. 178

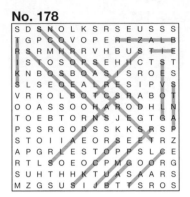

```
S D S N O L K S R S E U S S S
T G P C O V O P E R E Z A L B
R S R M H R R V H B U S T I E
I S T O S O P S E H H C T S T
K N B O S B O A S S R O E S
S L S E O E A L R E S I P V S
V R R O L B O T C S R A B O T
O O A S S O O H A R O D H L N
T O E B T O R N S J E G T G A
P S S R G O D S S K K S R S P
S T O I I A E O R S E E T R Z
A P G R L E S T O P P S L C E
R T L S O E O C P M G O O R G
S U H T H H K T U A S A A R S
M Z G S U S I J B T T S R O S
```

No. 179

```
A Z C N C C U O G N E I L B D
R N N D N W S I N L A O N E G
D W G A A D R T O R L Z N W O
N O O O P E A U A E W A P W L
U R E E D O N K T R P C R R
O C T L O S L C D J E N I E E
P R I E D J E U I I R R O P
N U U O R N E S O E P O S L P
G A R L D D O N E N N R D R O
E E C R E T S E S N P N A U C
G E K G N I H T R A F R T T I
E O E C N E P X I S E E P G I
D S O A E R C C A O N A C L E
E P L P T D A R D I I L L R
D B E Z A N T D E T A N G E L
```

No. 180

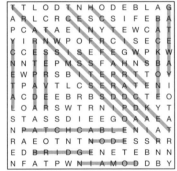

```
T T L O D T N H O D E B L A G
A R L C R C E S C S I F E B A
P C A T A E I N Y T E W C A T
Y I R N W P O F R C I S E C E
C C E S S I S E F E G W P K W
N N T E P M S S F A H N S B A
E W P R S B I T E R P R T T O Y
T P A V T L C S E R A T E N I
A C D E E B R B S D D C T E O
L O A R S W T R N I P D K Y T
S T A S S D I E E G O A A E A
N P A T C H C A B L E N I A T
R A E O T N T N O D E S S R R
E D B R I D G E N E T E B N N
N F A T P W N I A M O D D B Y
```

No. 181

```
A C I N R R W R A C G R R Z E
M G G Y N O E B A C R R A A C
I L R N A I I M E U C A R M I
A A A E U W B M C B D T A B A
A L O E E O R R C A I L C I I
I I R C D C I O B I N A S A E
A I L I C N E C N U I R O F C
R I A E R O A O M S C B M R R
N O R I A D R Y H A A I A A A
I R M E S C O O M N A G L N W
E I C A G P O R M L A E I C R
N C H H N L A A C H O D A E N
U E I Y B I A I E N I A R K U
R A L E N N A E N D H A I A M
B M E N A T U H B A O O L I A
```

No. 182

```
E B H I B L E T A H A S P A M
E E H E N P N A T E T C N E U
I D K I B E E R A T H E N E I
L O A I M E R T E S E R U L T
I A T E N L A E A R M E F H R
B E S A L P H I T O P H E R A
E I E T S E S E E E H F P I A
S T R E I M T K R E U P H E A
E P I N L N L S A R T E M I S
N E E D S S E N I M C T S O U
A S S E O P E E G A I A E I H
G I B E H R S L T I E I E N T
N I I O H E E E H E R P E E
S E N C E E E P A N S I I R R
R E E E H S H H A E E S S I A
```

Solutions

No. 183

```
E A Y E R W E R C M H A R E C
E P R V M C A A O D U I P E C
A E Y R R O B B A R E Q U C C
T E D O C C N E D R O H C M P
R C W A I L E U Q I L C C A U
E V E R R O P L P Y T R A P C
L V C D D C M T P L M O E L O
P L G R P A C C H E R D T C T
E T P S P O U K T E T N O U E
T O R C M O C O N U C A V Y R
R K O P R A T A S E C B R C I
N R A Q P E E E G H V E T T E
E N K W D R E C C T R O U P E
Y M C E C T O Y A R I U C H B
U U K G R O U P O I A Y I B D
```

No. 184

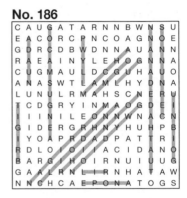

```
I L P A M E T H Y S T P R E A
G O O E T L R A I S H C U F E
N G I Y O N T E Z I B E I H E
I A R R T S E G D Y B N N T A
P T G R I E N G Z N G R Y I R
A T N I O R P A A H E R E D O
L O E A I V N O G M I V E N S
A T R L L T I A R A B R A T E
T I O C I P T P N T Z A E L E
I T R U H R G P E T O L I I L
N E M I E I U G E O O I N P T
A I C T S R D S E I O D L M S
T V S C P I C I V I I H A E I
E I D L L E N T I G L A L O H
W C E A T R S T O R T T L A T
```

No. 185

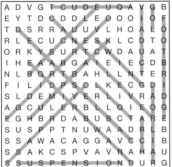

```
A D V G T C U D E U Q A V G B
E Y T D C D D L E O O O I O F
T D S R R A U U V L H O A L O
R L E C U C N E S K L C D T O
O R K Y S U R T C W D A U A T
I H E A A B G A I E I E C D B
N L B G R T B A H L L N T E R
F I L I D P S O L K E C G D I
S L D E M I V E R L I V R A D
A G C U L E R B L L O I E O G
E G H B R D A B U B C T A R E
S U S P P T N U W A A D R L B
S S A W A C A G G A V C C I B
S S A K C S P V A V R A H A U
S S U S P E N S I O N D U R G
```

No. 186

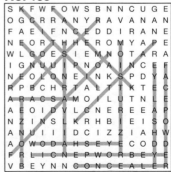

```
C A U G A T A R N N B W N S U
E A C O R C P N C O A G N O E
G D R C D B W D N N A U A N N
R A E A I N Y L E H O G N N A
C U G M A U L D C G U H A U O
A N A S W T L A M L H Y D N A
L U N U L R M A H S C N E R U
T C D G R Y I N M A O G D E I
I I I N I L E O N N W N A C N
G I D E R G R H N Y H U H P B
I Y O A P R D A D P A T T R I
R D L O I O I A C I D A N O
B A R G I H O I R N U I U U G
G A A L R N L I R N H A T A W
N N C H C A E P O N A T O G S
```

No. 187

```
R S Y O B E H T N E I E N J E
D S C I F N L T N E N O O O S
R C Y H Y O E O R M N N N S H
U T O O O U S M R U A P P T A
H H A T B U R U I S E S W H I
I G U O L T T Y B I T V N A I
L I N P O B E R O H Z P I N E
L T O O A S O E R N O Y O B E
O L I F S T D Z R O W M O H E
O E C T H N A N R T E O N B H
S E O E N O A T O R S O T K E
P R R V S O O H C M B K A O S
U S O E A L M Y N E S S C E G
Y A W A P E T S E N O O N A I
O J A C K S O N F I V E Y T B
```

No. 188

```
S K F W F O W S B N N C U G E
O G C R R A N Y R A V A N A N
F A E I F N C E D D I R A N E
N E O R T H H E R O M Y A P E
W L G O E S I E M N O T A R A
I G N U U I P N O A I N C E F
N E O L O N E I N K S P D Y A
R P B C H R T A L T T K T E C
A R A C S A M O I L U T N L E
A E O I D V L C N E R E E A P
N Z I N S L K R H B I E I S O
A N U I I I D C I Z Z I A H W
A O W O D A H S E Y E C O D D
F R L I C N E P W O R B E Y E
V B E Y N N C O N C E A L E R
```

277

Solutions

No. 189

```
X D P T G I F R I D A Y S S C
O O S R T U H A Z Z I P P N C
H T B S S E R P X E A D N A P
H R A E T K P S O N Z I U Q D
T T I R H N C T A Y W S N U U
C S N A A T S A Y A Y Q N J S
H Y K D C B N A J B N K T E N
I N R E S A W I R K I Z W S H
C N Y S A B R A K N P E I A O
K E S N U J E L D C I T S P J
F D T S D A D O S N A T A F A
I I A A Y Y N N S J S J L R P
L R L Y I U K F E A R A U A A
A U F P T F I U Y L D I L A P
D R A S C S O D N A N H N T C
```

No. 190

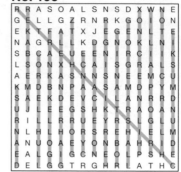

```
R R A S O A L S N S D X W N E
G E L L G Z R N R K G O I O N
E K T F A T X J E G E N L T E
N A G R L L K D G N O K L N I
S B C A E U E E N I R C I I K
L S O N X H C A I S G R A L S
A E R K A S N N S N E E M C U
K M D B N P A A S A M D P Y M
S A E K D E V C L A N R R D O
U J L E E G S H K T R A O A N
R I L L R R U E Y R S L G L U
N L H L H O R S R E H I E L M
A N U O A E Y O N B A H R I D
E A L G I G C N E O L P S H E
D E L G G T R G H R L A T H C
```

No. 191

```
G A V N H E H I N G I S V A L
G G G R S A C A R M I I G T N
N T E A A A G O V N E V N C G
S A R R S D S O V H T A M O L
N H V E A S A R K H N N H N A
E E A R V H I G E E I I G N V
B M V R A E A R G N A S R O E
L O C S A T G A E M I E N R R
R V R E E P I F B A G V S S K
R C A G N L O L B N F I A E N
O E A O I R E V O G C C S V I
L N K E E O O S A V V I I V O
E S L C N H A E E C A N S N A
V O S A E A V K I N G E I R B
A A B C K B V N A D A L V C C
```

No. 192

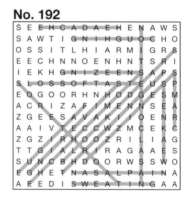

```
S E E H C A D A E H E N A W S
S A W T I G N I H G U O C H O
O S S I T L H I A R M I G R S
E E C H N O E N H N T S R I
I E K H G N I Z E E N S A P S
S L O S S O F T A S T E U S P
E O G O O R H N H O D G E S M
A C R I Z A F I M E N N S E A
Z G E E S A V A K I I O E N R
A A I V T E C C W Z M C E K C
Z G Z I R H O O Z R I L I A G
T T G I A L R I R A G A A E S
S U N C B H D O O R W S S W O
E G H E T N A S A L P A I N A
A E E D I S W E A T I N G A A
```

No. 193

```
A P I R A N H A Q U K M R S P
S R C I S S E R R H R O H A I
I H K C A C A C U U E A I V N
R W K H H K R R O U N U S A A
O N N I R W R B C I G H A N G
A H P L K I I E S E C S H N G
V A I I C R B O O A O A O A O
C A B A A R R N W T T U K N B
U I N C A A A E A Z M Q C G O
T E T B C C H T M T A S O K T
Q S T C W S O U T H I A M W S
R N O O A P K A E S Z O M R K
A O G C C O N L P E E B A O U
N E I A A N I C A R P O H U N
N A R G C A Y A P A P R C T K
```

No. 194

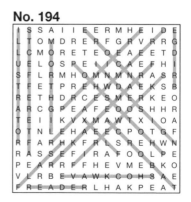

```
I S S A I I E E R M H E I D E
L T O M D R E R F G R V R R G
L C M O R E T E O E A E E T D
U E L O S R E I C A E F H I
S F L R M H O M N M N R A S R
T F E T P R E H W D A E K S B
R E T H D R C E S M E R K E O
A R C G P E A F E O O S H H R
T E I I K V X M A W T X I O A
O T N L E H A E E C P O T G F
R F A R H K F R L S R E H W N
R A S S E F I R A F O O L P E
P E A R R F F H E V M E B K O
V L R B E V A W K C O H S A E
F R E A D E R L H A K P E A T
```

Solutions

No. 195

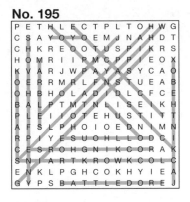

```
P E T H L E C T P L T O H W G
C S A Y O Y O E M J N A H D T
C H K R E O O T U S P I K R S
H O M R I I P M C P P I E O X
K V A R J W P A Y A S Y C A O
O E R R M R L F N S T U E A B
O H B H O L A D D L C F C E
B A L P T M T N L I S E I K H
P L E I I O T E H U S T I T T
A F S L P H O I O E D N I M N
R P I Y E S U O H L L O D C I
C E S R O H G N I K C O R A K
S N I A R T K R O W K C O L C
E N K L P G H C O K H Y I E A
G Y P S B A T T L E D O R E J
```

No. 196

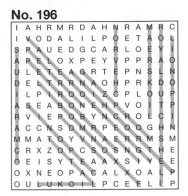

```
I A H R M R D A H N R A M R C
I V O D A L I L P O E T A O L
S P A U E D G C A R L O E Y I
A P E L O X P E Y V P P R A O
U L E T E A G R T E P N S L N
D E L T R R N A O H P R K D O
I L P I R O O I Z C P L O U P
A S E A B O N E H P V O I T P
R V I E P O B Y N C R O L C I
A C C N S D M R P E O O G H N
M M A T O Y V N A E R R M S M
C R X Z O P C S O S N G T H E
O E I S Y T E A A X S I Y E E
O X N E O P A C A L X O A L P
O U L U K O I L P C E E L L P
```

No. 197

```
E R R G L E R E K C A R T O R
I I P E U O R C O H K R E P U
N O E R C M P S N B E T E L V
V R B E I I S E H E F K F A O
E H A K T V F H R E E H O N N
S T E A E G A F O A R H N T O
T P S T A E N T O E T L E D O
I R L F L E I O E E I I O D A
G O E E T I P A R E C I V C L
A D U I E I A J U K Y I I E K
T N T H I L A T O R O E L A U
O O H T H C P I N K E R T O N
R S E A K K F H F N P P A R P
O E T H I E F C A T C H E R C
T L F E B L O O D H O U N D R
```

No. 198

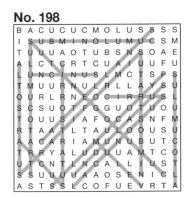

```
B A C U C U C M O L U S S S S
I S U B M I N O L U M U C S M
T U U U A O T U B S N S O A E
A L C T C R T C U A U U F U
L U N C I N U S L M C T S P S
T M U U R N U L R L L A Y S U
O U R L R N E O C I R R U S L
S C S U O T F G G U O T U O U
T O U U S I A F O C A S N F M
R T A A T L T A U L L O O U S
A A C A R I A M U N U B U T C
T R R Y A L U D U U A M T C O
U T C N T L N C A L L I U S T
S S U U U U A A O S E N I C L
A S T S S L C O F U E V R T A
```

No. 199

```
L P E E L E C A S C A R P E R
D A P P U E S U C R C S P Y A
T A P R E E R A C Y S G H E R
O T R R R S A R N C R U E A A
R R R T O E C S E D R F L E E
T L C L M T S C A R E R E E O
P L Y G E C Y A Y T C E G A E
O D A U U N T M E C R P P E M
E T R T R R R P T T R C S S T
J T T C A S Y E T U S R D G A
R L R E L R T R T C T Y O A R
E R T E R U U E R N R J U D P
A T L U C U C P U E E C A R C
T S C M C S A R T E R R E T R
J S E G A L L O P M S C O O T
```

No. 200

```
T N P W H I S M E A R A C H R
D S I B E S S O D F O A N A M
E H E E R V T L R R I S S W E
A O N R H Y A S E E R N A A S
T T O S O E C C Z R D M N I A
H S T O L F N E H R O W R I V
V P S S Y R D C C T S Y O V E
A R W T M N N E B A Q E A O R
L I O N P O N A O N M N L D
L N L C I E D G O F O Y M C E
E G L Z C L V E G L I E O A G
Y S E D A C S A C H T R O N M
N O Y N A C D N A R G R T O R
T D D N K O B U K V A L L E Y
L S S E L D H E Y U V S O S P
```

Solutions

No. 201

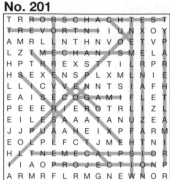

```
T R R O R S C H A C H T E S T
T R E V O R T N I I U N X O Y
A M R L L N T H N V O E T V P
L Z T M E C H A N I S M E L A
H P T R R E X S T T I L R P R
H S E X E N S P L X M L N I E
L L I C V V E N N T S I A F H
E A I S E C O G A M I F L E T
P E E E R I E R O T R L I Z L
E I L E S A A A T A N U Z E A
J J P U A A H E I X P F A R M
E O L P L F C T J M E H T N I
H L T N E M E C A L P S I D R
I I A O P R O J E C T O N P
A R M R F L R M G N E W N O R
```

No. 202

```
K P A S S E N G E R S V D E K
A R Y R E G K I L R I B O R C
R T O W B A R R I E R S E R L
U M I W S E E S S Y A L E D O
A I O C G N V L Y D E R L T C
D W S O K N H A B A K N T R K
E D E I R E I A D A L C P L R
P A G I L G T R D R T P A D H
A R A W W A N M E P A E S R K
R R I K H G A I A E E U M I T
T I R T I R R A T C N I G I D
U V R S S R O O S I H I D R T
R A A N T R A I N H A I G A R
E L C G L E B I N T R W N N W
S S E C E G S I P L D A H E E
```

No. 203

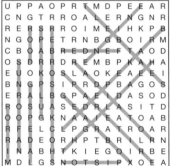

```
U P P A O P R T M D P E E A R
C N G T R R O A L E R N G N R
R E R S R R O I M E I H K P B
N G O P E T R N B G B O I R M
C B O A B R E D N E F T A O D
O S D R R D R E M B P K A H A
E U O K O S L A O K E A E E I
B N G P S I P R D P B A G O S
E R A L B G P A E J D A S O D
R O S U A S E D R L A S I T D
O O P G K N A A I E A T O A B
R F E L C L P G R A T R O A R
R A D E O R H P T B R I L R N
I N A B H T K I E G O I R B E
M D L G S N O T S I P X O E A
```

No. 204

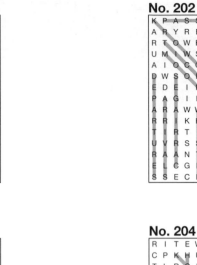

```
R I T E W T B I C Y C L E W I
C P K H U U E O T H G L L E C
T L R C E N D A I T C D B O D
G K W T I K C P S R N S N K K
E C E E S K T L I E P T S C C
C L T R S W G C B I R S I A L
B C U T I K G E N O C K A B W
N N L S I E D E L I G S P G T
D E T G L I S B S E L S U N I
E N G E S T A S L I L S H I S
R I N L R L O E T E N B S L E
D O B E A R N E C K P U L L
N T T N S O L S S R N E P O L
U C C O H L S N G I R H H R D
H E N T S I W T E N I P S A T
```

No. 205

```
W H N N O S I D A M L R E N O
E N E N I N I L A H O S B N C
B O U M A O K O N O M W A O N
C S B C J G I O S E A M O N I
E R M L W N A E C S R L V N B
O E D O M G V E H C I A L E U
R F C U B E R I R D E O Y D S
N F N S L U N M G A C C E A H
O E N T M G C E O N S M L A S
M J N A T A O H I A K X N M S
E W R O N N D L A R N R I A O
S G N I Y E R A M N E T K B O
N N X G E S N L N A A R C O N
R O A L C A R T E R E N M D O
N O B N O S N H O J N I E J B
```

No. 206

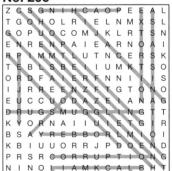

```
Z C S G N I H C A O P E E A L
T G O H O L R I E L N M X S L
G O P U O C O M J K L R T S N
E N R E N P A I E A R N O A I
R P I M M T L U T N C E R S K
T E B L S B E I I U M K T S O
O R D F A I E R F N N I I S
I J R R E E N Z F T G T O N O
E U C C U O D A Z E I A N A G
D R U G S M U G G L I N G T T
K Y O R N A I I U E T G I R
B S A Y R E B B O R L M I O I
K B I U U O R R J P D O E N D
P R S R C O R R U P T I O N G
N I N O L I A M K C A L B H T
```

Solutions

No. 207

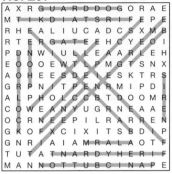

```
A X R G U A R D D O G O R A E
M T I K D I A T S R I F E P E
R H E A L I U C A D C S X M B
R T E R G A T E E H C Y E O I
P D N W I U L L E A A R L E H
E O O O E W T L P M G T S N X
A O H E E S D E I E S K T R S
G R P N I T P E N R M I P D
A L P H O L C C B T D O O M R
C O W E A N Y U G R N E A A E
O C R N E E P I L R A R R E N
G K O F X C I X I T S B D I P
G N R I A I A M R A L A O T F
T U T A T N A R D Y H E R I F
M A N N O T T U B C I N A P E
```

No. 208

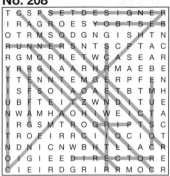

```
T C S P S E T D E S I G N E R
I R A G R O E S Y O B T S E B
O T R M S O D G N G I S H T N
R U N N E R S N T S C P T A C
R G M O R R E T W C A S E A R
Y R R G I A A R H R M A E B E
T T E N N T E M G E R P F E N
I S F S O I A O A E T B T M H
U B F T E I T Z W N D I T U E
N W A M H A O H I W E I C T A
I R G S M T R O G R I P T S C
T R O E I R R C I O C I O T
N D N I C N W B H T L L A C R
O I G I E E D I R E C T O R E
C I E I R D G R I R R M O C R
```

No. 209

```
N P E C O N C E R T O S T V E
T T E L A R O H C Y M C E A V
E E A A E R A E E M Y S E A R
A D U L T R M A A E I T T C E
L A R H A A H T C A T A N R E
T N A R S R A F N O T S T T A
O E I S C C P O V N V E E Y E
Y R V T C S L A A D A M D R O
A E O O P O G C T N O O U R S
T S T D P A U E S T S T O T P
F A N T A S I A E P R O I E A
T E T N I U Q T A E Y C I U C
N W A L T Z E H V Y A F O N L
R R A E I C R O O I M O A I N
C S Q O U O T R I O E E N M D
```

No. 210

```
B R N E C A I G E V R O N A U
E S J C R O E A A G A I R B L
L H U R I A R I I A A M E C A
G L D B G A N N N D O H G I L
I S A G T N I G U R N A M U M
C S E B A C T N I B I A S R I
A L A T I A H C A E I L L A C
B I I A S H A E E P T A E S H
E R A I S U A P A A S H T E H
B E C N U N A D N C O I L I H
G V A A T G A I I T H V H R R
A E A M N A A O L C E A I N N
R H I R O R R A E T I A E H A
H A R E P I T A I N A D I A N
I A E G A A O A E N R E P I R
```

No. 211

```
M T T R A P I N E C I F F O N
M T N U O M A E S A A O S O E
I M D I R M P R A R C M I R E
P P F T O I N E E A S S E T N
G G G I C U N G G Y I T I A Z
I N T P N C I S R V P T N E T
F A I W A O P A I A T C S G S
R R I A N U I D H T A I T A Y
R N A B M D E G O T Z R A S T
G M I G I A N T N M E T L S N
S O S S M T R E S I A S L A O
P E B O C E T A U A D I M P E
N U F E Z O N E E S I D E I N
S R W T I M A T I O D B N F I
A W S E C T I O N I O R T S L
```

No. 212

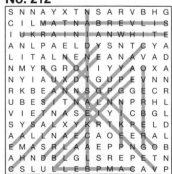

```
S N N A Y X T N S A R V B H G
C I L M A T N A B R E V L I S
I U K R A I N I A N W H I T E
A N L P A E L D Y S N T C Y A
L I T A L N E N E A N A V A D
N M Y R G R O I I Y Y A O X A
N Y I A U X D T G U P E V N N
R K B E A N N S G P G G E C R
U B E S T N A L N N P R H L
V I E T N A S E I Y I C B G L
S Y S A L X Y K R T K P E L D
A A L L N A E C A O E E R A L
E M A S R L A A E P P N G O B
A H N D B L G L S R E P E T N
C S L U L L E B P M A C A V P
```

Solutions

No. 213

```
E L M A G D G C N Y H C E T A
Y W E E D S M N T A N C G H I
H T T C N E N T O U R A G E G
C L I S N C D O M I M L M M E
R O C C I A R F H E A E N I D
A D E S E L I N O E F I R D O
N I C M U H A F E X F O L D E
A N L O A F T T E S T R I L C
F A O R N H D D N D S O H E O
O C G E R O B O N E S G E L N
S I M O D E R N F A M I L Y E
N R N D A S O S C U X E A E P
O E I S N O S P M I S E H T E
S M H O U S E O F L I E S T S
M A H T A I A E D A N M E E N
```

No. 214

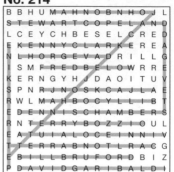

```
B B H U M A H N O B N H O J L
S T E W A R T C O P E L A N D
L C E Y C H B E S E L C R E D
E K E N N Y C L A R K E R E A
N L H O R G E V A D R I L L G
I S M F R E D B E L O W R R E
K E R N G Y H J D A O I T U V
S P N R J N O S K C A J L A E
R W L M A H B O C Y L L I B T
E D E N N I S C H A M B E R S
R N T E R R Y B O Z Z I O U L
E A T U I A L O C E I N N I V
T T E R R A B N O T L R A C G
E B I L L B R U F O R D B I Z
P D A V I D G A R I B A L D I
```

No. 215

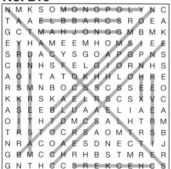

```
N M K S O M O N O P O L Y N C
T A A E L B B A R C S R O E A
G C T M A H J O N G G M B M K
E Y H A M E E M H O M S I E E
S R D A C Y S G O A P G P N S
C R N H S F E L G I O R N H S
A O I T A T O K H H L O H R E
R S M N B O C S S C S S E E O
K K R S K A E L R S C S X V C
A S E E B L U A A E L I A E A
O I T H T D M C S A L H T R M
T R S T O C R S A O M T R S B
N R A C O A E S D N E C T I J
G B M C C H R H B S T M R E R
G N T H C C S R E K C E H C S
```

No. 216

```
S I L Y Y B U F F E R R P A A
L I N A D O R E O R R A O E A
C I S D T B I C I Y E D L L T
I O T Y I S C T E B P I Y E R
U R V D L C Y Y U A A O M C E
I E E A T O A R E S P A E T B
C L S M L B R T C E S C R R M
B E E D O E T D O O U T D O U
L M V E I S N O Y R M I O D N
B E I A O L I T I H T V Y E C
N N I R L A O I B A I I M N I
C T A S S E U S U O L T F D M
C O M P O U N D M M N Y E B O
H C O Y R D Y C L O T D L U T
P R S T L R O B Y E T A L O A
```

No. 217

```
T X E S S R L L L P T P A O H
F T T T P A L M K A I U V U G
A S U M T U R U R R T L L E I
G C I A F O M O U E T A B W P
O K U X B I L I N O U I R D V
O G M I O A P U D G L A O T N
P K U S U N T B C I P D R I I
O L L K F P W O F A S I S E A
O I P I F V F S R P K K I L T
H G E R A O A O G S E U I C I
O R P T N C U F R T L O O R P
S A C T T N A E E D T M S I T
G S O T D F D T R M F U R A P
P S L L T N T A O C I T I E P
S K A S U T R I K S R E V O T
```

No. 218

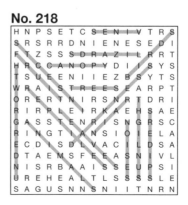

```
H N P S E T C S E N I V T R S
S R S R R D N I E N E S E D I
F T Z S S S D R A Z I L R R T
H R C C A N O P Y D I I S Y S
T S U E E N I I E Z B S Y T S
W R A I S T R E E S E A R P T
O R E R T N I R S N R T D R I
R I R P L E I R K A E H S A E
G A S S T E N R I S N G R S C
R I N G T I A N S I O I E L A
E C D I S D L V A C I L D S A
D T A E M S F E E A S N I V L
N I S R B A A I S S E U P S I
U R E H E A L T L S S S S L E
S A G U S N N S N I I T N R N
```

Solutions

No. 219

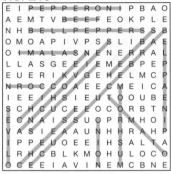

```
E I P E P P E R O N I P B A O
A E M T V B E E F E O K P L E
N H B E L L P E P P E R S S B
O M O A P I V P S S L I B A E
O I M A L A S N E N E R R A L
L L A S G E E I E M E B P E P
E U E R I K V G E H E L M C P
N R O C C O A E E C M E I C A
I E E I H S I E U T O O U B E
S C H C U C E E O C O R B T N
E C N A I S S U O P R M H O I
V A S I E A A U N H H R A H P
I P P E U O E E I H S A L T A
L R H C B L K M O H U L O C O
O G E E I A V I N E M C B N E
```

No. 220

```
L B D I I O R I T I C W A D E
T H G I L F O Y A R L S D M S
H N O I T A R B E L E C D A E
C C H T V G A B T R L T C F I
B M A L I K E A V I R G I N R
K E R I D L V L K G O L S G O
S A D L H M I E B T N L U I T
R V C E O A A E R A N D M A S
L Y A A E P C U C H E L M O E
E R N E R A E I C T I A W W M
T O D A M B R A T S D T O C I
N C Y L L E C O C O V I C A T
E E D U M E H E N H R V E L D
R G E A E T C N G W E E R F E
O R E T L V A A G G D C H A B
```

No. 221

```
H I N E I G H T W I N G E N V
O S M F I N U T P N S E A R F
E M I W S I R U R S G N S U G
N G P I T B T S R U G O O N N
V O O E I B R W M U R R H N A
R S U T N O P H I E T H U Y P
G U N H G R E S T F E I R N T
D F D A I H H H P S G S O O U
H F I A N T R N S N T I U S F
U E N U G O H E I G T S O E C
E R G G A Y N T E C C F V O I
N I F T S E R T E H I E U G U
U N G A R A I F I N R G H E O
G G I O M R N L V N H C A S N
N U S S I I L R G F A H R G G
```

No. 222

```
A Y S R B R A V E H E A R T C
A T S I L S R E L D N I H C S
D U E U R O N O U Y H E C H E
C A A N C A Y L E D D O E D E
E E P K M U N N N E U O E S S
F B Y N R T N A P T K I P S A
S N I M A U G A O C D P S H R
I A G G M R F H R L T S O R
R C A R O T A I D A L G G I A
A I N A E F C D T S B T N S H
R R U D R A I O E H D A I C I
N E V I G R O F N U E G K E F
A M C O D N F S D O S I E A S
O A H V F D A L N I E B H P D
D B T D T S I T R A E H T D A
```

No. 223

```
A R N T C T I T R Y P S I N B
E E S A D I T P E P E A A P R
T R A O P I I L I P A S E E O
P O A L O E E E A R P P P P M
S O A N P I C E L L U L A S E
E T I T T P T S S Y E T I I L
N S L U E T I A I A L A S N A
I E S S P S A N P N E E I E I
T R E S E S A E V A A T S T N
O A E O A S E N R E I S O T A
Y A A L L A A P A C R N E R L
A D A T A E E T A L N T T C P
P E E N Y B A P C P Y A A E A
A L E L L P L P N A U X P S P
P A M A L T A S E R L T L A E
```

No. 224

```
F A V A I L A B L E I E T O B
R A U D U N I V E R S A L D U
E E M N P O B P L A I N S N I
P U C O T N A C C M I V R L E
I L L T U N N C P D L E F I X
O M I E N S E O A A S O P L P
U I S P L S R E T B D B L O
I O O U S T R T R V E R N U S
N I P I A P N I H O I K S E
B E B N S E C O S V B D N T D
M L T E U T U I E S E M O R E
E T D L E S L R N I U L W I I
L I F D I B T S B N I T N O I
W N V O U L A I C I F F O U N
I L T P P L T E N D M S T S C
```

Solutions

No. 225

```
R E P E N S R E S S O I K P R
J I E O O E H E U N S C A R A
I U I S U I T O R O O W H O T
R A L R M S P A R K V U E M I
N E S I K L P W M A U O A A L
O V A E E A S O L E E U D N J
I L V O S T S E O D E O O C H
A O E S I C N H E G E S V E A
L N I P O T H S N K U C E E S
P O E N I E I E T U O H R J S
N S P N I R R E R N N I H N S
M I E E E C S S S I H U E S O
C A L J I T C R E S S P E L K
L I D N O E M O R I I H L R H
U L L O I R U O M A E K S N I
```

No. 226

```
E A S E N H E F P P Q L L P P
L M X A L R I L E T L A A R P
R A T H P L L F B A O R R I H
L R E N R E O P R A K R T R L
M K G R I U R E B E S R E M T
L E F E N O P M R I E A E E I
I R I T E F P P A B R E R A D
L B A H R L U L I N I O P E R
R L G O U I F L N E M I I O
N U I I A X P O E A R N D A A
H E I L F P E A R B B R T I O
A E B H O E E I P R A H S T H
K H N G I N L D L L I U Q G R
A N U I H T N I R R E B R E I
E L E H R O L L E R B A L L F
```

No. 227

```
N A A H S R U P H D O J C P S
A E I U H O T P A N T S A N P
P R S E H C E E R B S G P D A
H C N I S R E T S P I H R U C
H C O S S D D L N S C G I N R
A A S M O L R E O A E N P G D
H R S W B L E A N N S E A A A
R G T A E A E N I E P N R C
R O F S J A T G N N M H T E S
T P S N L E T P G A P S S E L
D A S G N S A P A I L I E S A
R N L I E A R N A N N F P E C
S T B I A B S T S N T G D E K
S S I O C I G T N A T S S C I
A P L U S F O U R S S S S T C I
```

No. 228

```
R A I I F F E C O E O B E B H
R E P P O H S S A R G U I S Y
O F O O I E T T A R P E I O L
T E C P M O U R U E R T C O F
A T M A A O T B U R A I G A O
N U E R T M S N A A E P R U L
G L G K O E O Q I R S R M E B
R L A N C W R A U K G O G M S
T T U Y U I O P M I U H R Y
A F B S F O R Y I H T R L Q P
N B E A R U M C L L R O T S S
T D Y C T I R T S A L E E B P
T S P I D E R E T P E A S C N
P A T L U G T R R I P N R O M
F L E A G H H C A O R K C O C
```

No. 229

```
L T N N E I L H A S C O C R I
P O L L A C S N N O A B L E R
M G S M I M E L C L O L E C A
N C O T S L T H S I F Y A R C
E A B W O H R L R T C I E E N
L O O S R A I V C R T M R V O
L C V N N I R P M B R C S I T
T L O B S T E R W O O O O L I
I C V S E F T O H O Y I O O H
R T O E C O U O K S R P R T C
B O T C B T E K T P R M O C O
C O I R K O Y E I A M L M O B
O H U T O L R S W N O R R A M
Y T I S L L E N C R C O I L C
S H S I F E L T T U C I N A S
```

No. 230

```
O T G C H A R I T Y S A L E E
E R Y A R D S A L E J A Y Y
D U E M R B O K N A O T A A O
E M L F E A D R N C E S D S B
L M W R F F G U O K N S N G A
A A E O A Q A E R O E F O N F
S G O N H R L A S U R E M I O
G E A G Y S M A T A S A K K R
N S G S O A E R O L F C A C
I A A B E S E D O C E E A T E
N L C L F B A L A L E Z L K D
E E F O Y O M D E R A P B C S
P B D C A E S A O B T O S O A
O N L I N E A U C T I O N T L
E C L O C D I S P S K R A S E
```

Solutions

No. 231

```
T I E E D I R O U L F T T W O
C O I L T O I C C E E O H T O
S S O C I O I A H R O I E E S
O A R T T M V E E N T O R C O
O E N R H I S N S E H N G K O
H T A D T P A T N N T O E C R
I G W I E S A I I H A I N I R
F H E E F P N S I S E S H P G
O S R L H G S T T I R O L H U
I K O L H C U W H E B R G T M
T S I T I V I G N I G E S O L
S E E R T O T A O H N L T O I
S E H S U R B H T O O T M T N
T O I E N A M E L E E M N W E
G T S F V L R O O T C A N A L
```

No. 232

```
A D M T L B A T T E R Y R N A
R R U L A A D L F R B O T D C
L A S E L Y P A N P D O R A N
A C I L P U S A I A O E M L O
N T C C O L T A T T V E O E I
I I P I T M T A H A R T N T T
M D L T P C M B H A H O H N A
I E A R A C R S R G H U D T U
R R Y A L U M C I P P P S V T
C C E P S O V L L D C E L V I
L Y R H P A H L U T T P T C S
C I R R N S E L E Y I U E T L
A A S T A C P O A M E E F R E
L T A L L R E L E T T Y I O R
M S F S O L A R L A M P A S B
```

No. 233

```
N L G N I L G T I D U A N L P
V D A E L Y I L I N P K I I L
R D I R P U E T B N O D T N A
L K E E G I N N N M I U G A N
T S I D R E N G A E I H G C N
T U S D B S I E S T O M A C H
U G A A N R N N A U R P N L D
B A P L H E A R T L P G L E L
R H T B E E Y I S E G D P D D
I P L L R G O S N P S L N P G
L O P L U T D E L R T A I N
D S M A L L I N T E S T I N E
L E N G X X E T V U R R A N D
E D N A L G D I O R Y H T H E
E G S A T D L L M A Y R I O U
```

No. 234

```
K A U S W A S H I E S H S U S
A T F U M I G A T E U U R P A
P M R I A H S E R F H E A R G
F R E S H E N U P E A R I U U
N S Y E F H M E U R K N N M P
P R O H A P P H L S S E K U
E R I A P D L A E E H P E M
E R R S P P Y E H T R L M E O
S Y U U R A D L D R U M P O D
K T E R D N V N C S E P U P
P P S C I H U Y A S T D W O F
O M H S E A D V E D H P T B T
E E D Y L I S M R H P E R E R
H N T A T H B S I D R D U C I
```

No. 235

```
A P D A L R S A D K D L K N T
P D L E A D A T A L T S D F E
I D T V E I T Y R F A A A O T
D E I E C D A E M S A G A S E
E T F D A K F S M P I E T R N
I L P D A E O A A L O T N E E
F D E S R L P A A R S R Y T T
I R N A O E E L R T R O T O R
E O F S Y M E O E C M A D A M
D A R I E V P C E V R C P Y F
M N A E E R I A I S I A R F O
I F D L D V T S R L T R D D R
N R P E I D P D D N O A D A S
I M I C R F E S G A T L T I R
M D E S A R I R V A D A D S D
```

No. 236

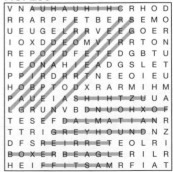

```
V N A U H A U H I H C R H O D
R R A R P F E T B E R S E M O
U E U G E L R R V E E G O E R
I O X D D E O M V T R R T O N
R E P O T D F E T E D G B T U
I E O N A H I E A D G S L E T
P P I R D R R T N E E O I E U
H O B P T O D X R A R M I H M
P A U E I A S H I H T Z U U A
L G R U N V B D N U O H X O F
T E S E F D A L M A T I A N R
T T R I G R E Y H O U N D N Z
D F S R E I R R E T E O L R I
B O X E R B E A G L E R I L R
H E I F F I T S A M R F I A T
```

Solutions

No. 237

```
V K E E H C E U G A M B E R I
P F B B S O I L O V L A M S E
B O S C T O B Y B E L C H F K
T S R R L O N I S R O P I E C
C S H T N N R I I L A P S P U
C N T Y I N T D S G I A I C P
A P A F L A E I E O A P H T C
V N E I F O K T I P I O I I N
I C T T T A C I F I N T T B N
O E M O R S T K E E A O D I B
L B B S N U A S L C T B D A I
A U O R U I C B L O I N S N U
D T Y A A O O H E A T T I C O
G C I B S K O K I S F K C A N
A B E A T R I C E O R H O O T
```

No. 238

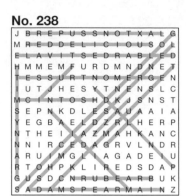

```
J B R E P U S S N O T X A L G
M R E D D E L I C I O U S O L
E L A V I T S E D R A B L E D
H M M E M F U R D M N D N E T
T E S S U R T N O M E R G E N
I U T J H E S Y T N E N S L C
M C I N T O S H D K J S N S T
S E P N K D L E S A U A A I A
Y E G B A E L D Z R L H E R P
N T H E I I A Z M A H K A N C
N N I R C E D A G R V L N D R
A R U I M G L I A G A D E I U
R T O H P K L I R E D S D A P
G U S D C N R U B E A R B U K
S A D A M S P E A R M A I N Z
```

No. 239

```
P R M I R N E O M G B T Y A C
R N M E R S O D D U A O I V V
N O D N O L M O C L G N N U N
V B I N D B O O Y A M O N S V
R E E T G E N N V A L G N E O
T E N N R I T P S N O G D T S
T T K I L N R R E N A E A N A
R N A R C R E E S I N R I R E
Z O E M O E A W O B M L O N Y
E B Y E P C L T E T B A R C G
E Y E E G E A N N U N E I D Y
L N N E W S R A D A A Q O M A
I O D E E L N E N N E R N R Y
C Y Y B E R G A Z O A O N O L
A N S A E E P R A G U E E A T
```

No. 240

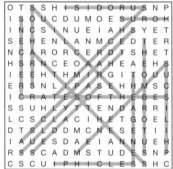

```
O T S S H I S I D O R U S N P
I S O U C D U M O E S U R O H
I N C S N U E I A H S Y E T
S E H E N L A N M C E D T E R
N C A R O R C E R D T S H E T
H S R N C E O A A H E A E H S
I E E H T H M I R G I T O U U
E R S N L I P A S E H H M S C
I C R A T E S O F T H E B E S
S S U H Y T T E N D A R R I
L C S C L A C I H E T G O E L
D T S L D D M C N E S E T I I
I A U E S D A E I A N N U E H
R S S C A D M S T U D E S N P
C S C U I P H I C L E S S H C
```

No. 241

```
E N S A M O P E R A T O R A A
R G W A D E L R R Y Y R I T O
L L A C E C N E R E F N O C P
L A E S R M A B I L T P S E A
L T I O S C L M N E U E L L L
O O A D O E U U R P G E L L A
C P D D Y I M N S A N A O O R
A E E R S R A D P A N A O C S
L N L L A T A E E G L E E L M
C O B L C T T I D S B E L A
A T L O P I M S O A R E L A O
L L N L H H Y I E R N O C C T
L A E W L S O L S R A C C N O
L I L G U T E N O H P K S E D
E D A B E L R U E A K O U R R
```

No. 242

```
U T O I P R T N U M R R R T M
U C C N T I C A A A S M A R M
E I L T G R A E L N U U M O R
U N R A A C O M P U T E R P R
U O V R R G V N G F I L R S N
C R N I U U R T U A A O N N N
E T L A R U T L U C I R G A T
N C E A N O L C I T L T I R U
E E A O S N T U U R E V T N
R L O P R L S M U R C P A F I
G E O T S U O R E T I A R L
Y L R I O O T P V N M S M E L
E R L C R A R I C G T M U I N
C O A A M O L E C U L A R L I
O G E L O E N U A O E T L U P
```

Solutions

No. 243

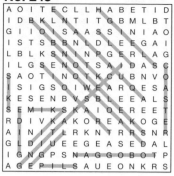

```
A O I T E C L L H A B E T I D
I D B K L N T I T G B M L B T
G I I O I S A A S S I N I A O
I S T S B B N L D L E E G A I
L B L K S N I N P G E R L A G
I L G S E N O T S A I D A S C
S A O T I N O T K C U B N V O
I S I G S O I W E A R Q E S A
K E S E N B V S B L E E A L S
S E M I K S K A I O E R E E T
R D I V K A K O R E A K O G E
A I N I T L R K N T R R S N R
G L D I U E E G E A S E D A L
I G N G P S N A G G O B O T P
A G E P I L S A U E O N K R S
```

No. 244

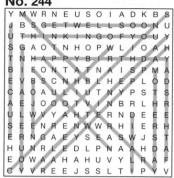

```
Y M W R N E U S O I A D K B S
J B S G E T W E L L S O O N U
U T H I N K I N G O F Y O U Y
S G A O T N H O P W L I O A H
T N H A P P Y B I R T H D A Y
B I E O N T A T N A I S P M A
E V B S C N H B L H E P L O D
C A O A U L I U T N Y P S T S
A E J O O O T V I N B R L H R
U L W V Y A H T E R N D E E E
S E E N R E N W W R H I E R H
E R N G A E Y S E A S W J S T
H U N R L E D L P N A A H D A
E O W A A H A H U V Y L R A F
C Y V R E E J S S L T I P Y V
```

No. 245

```
W A Y P A E B P E U I W I P I
M X P Y O P P S U H P E L E T
I N N M H E E L Y P I S P Y H
I N H B S E H L I B P T S N E
H C O I E U C P I H E P P E R
E A P H P H A U I A E A S P I
A P B Y P P M L B H D T L N S
L B O A R O O H E A N E T L T
C C A I L C R L P H L A S U A
E S I C T D D E Y E C E O M I
S B E E C N N A L T E R E E P
T O T I H H A E C L U D A H I
I E P P I N A L E M E S I W O
S O R D N A X E L A U B L U E
T E Y C E S L Y A I A P I D M
```

No. 246

```
Y H N M M I M M M U N A H A M
N C G A O O M U M I M I M N U
O I B E E S I A C I P N I I I
M E H N S N M I G E E A O O M
I M E U E I N U M N S T N B S
T I U H M E U L I C E O A I O
N B T I S R E M A M E S M U N
A U I R D K E N N S O U I M M
R N A T C I D I E G I R O U E
I D N I H I B N R D C I H A M
M R N A U U A U A I D B O C U
E I M M P G L L R O D I U N I
E P M S N I L I Y N U I M C B
I I M A A A U M U E A C U I R
I I M M P I M R I M N O I M E
```

No. 247

```
S H T N H I A S L S E T E O G
L N A H H I E T H L A N T S P
L T O G R O O E L P D Y R U S
O H D I V I N E E Y Z E R S P
D E I I T E B P L A Y P D S O
T H E S H A N G R I L A S I R
A O T R L T N K L E I L D E D
C N L S L B Y I R D Y S U R R
Y E T A N O S E C R E T S R A
S Y S N B N I N A S K Y A A E
S S N I P G H Y N G A Y A A T
U T S I N C U E S E E F P E E
P D L I H C S Y N I T S E D H
S R E T S I S S I V A D E H T
E T T I I L I S R S T R G A T
```

No. 248

```
W H I T N F R E N C H I S M N
X S C U R N B A S Q U E A A E
R L W R L E I W N N H N L C W
I E N K H I R A I A X A W C T
L W T I A S I A E R T A A R N
S L O S E G I A I A L A O O A
U I C H E S P N C N H H N A I
N I C W A A E N R N E S E T N
N U R E I P A O A O D I R I A
I O E D L N O I R I C N N A U
N H R I O A S L F E C N T N H
R C S H S E N R I E A O S T
S I E U F L R D I S T F L E I
R C A N A H I R I A H N L A L
B A O H H W R C H C R R I S G
```

Solutions

No. 249

```
K H O C G B D D T I L E L R Y
U U O T S E E R I F X O F A D
N S B H T H E T O U R I S T F
G A M E P G A O N I U F G L T
F L L F Y U N R G A F R U A X
U O R E E O S I K H W W S S N
P Y O V X A N H L T O N O U H
A R N E T A S D I E A N H E H
N E H R L I N C B N G L I K T
D R A S U O H D A O G N E S T
A M I G H T Y H E A R T A W E
G N S D B N O C U R M D I H L
S G H E L L S K I T C H E N C
R M H T I M S S R M D N A R M
M H D N I L M L O L N T F U S
```

No. 250

```
O A N N M O N A E D T A O N P
S E R P I O D N E R E V E R A
N P V A A P N E A R R A I S R
R A E E N P O S A A O R C M S
P I T E E N A C I O E T S O O
R F M O T I A L A G I R S I N
E F I E E Y R N N R N A S A C
L I N E A T H D F U D O N T P
A T I N R T A P V E N I R P N
T N S S I S Y M O L N C N R T
E O T L I O V E E A P I A P
S P E M N V I P I R N N N O L
R T R N A O C E E R P P S V E
E T N A I R A N I M E S M D S
E N P V T P R P E T O E M P P
```